NEW
증보판

KB068619

스포츠지도사

배드민턴

실기 · 구술 완전정복

김동문 편저

PY LEARNING
MATE

배드민턴 전문, 생활, 장애인, 유소년. 노인 스포츠지도사는 만 18세 이상이면 누구나 응시할 수 있는 문화체육관광부 · 국민체육진흥공단이 주관하는 국가자격증입니다.

필기시험에 합격한 예비 스포츠지도사들의 실기 및 구술 정복을 위해 보다 쉽게 이해할 수 있도록 이론 설명과 연도별 기출문제들 위주로 준비된 수험서입니다. 본서를 통해 실기 · 구술시험에 대비하시는 수험생 여러분들의 좋은 성과를 진심으로 기원합니다.

김동문 교수

안녕하세요! 저는 지난 40여 년 동안 체육·스포츠분야에서 활동을 해왔습니다. 22년 동안 선수생활을 하면서 12년간의 국가대표 선수 경력을 가지고 있고 세 번의 올림픽에 참가하여 금메달 2개, 동메달 1개, 아시안게임 금메달 3개, 세계선수권대회 4회 우승 및 국제대회 76회 우승이라는 기록을 남기면서 세계배드민턴연맹 명예의 전당에 이름을 올리기도 했습니다.

국가대표 선수와 코치를 거쳐 현재는 학생, 생활체육 동호인 그리고 스포츠지도자 분야의 많은 분들과 스포츠지도란 주제로 소통을 하고 있습니다. 대한체육회 대한대학스포츠위원회 위원, FISU 세계대학스포츠연맹 기술위원, 대한배드민턴협회 경기력향상위원, 한국대학배드민턴연맹 스포츠공정위원장직 등을 역임하면서 대학스포츠 진흥 및 국제적인 대학스포츠기관과의 원활한 정보 교류에 힘쓰고 있으며, 현재 전라북도체육회 이사, SBS 해설위원으로 활동하면서 원광대학교 스포츠과학부 교수로 재직 중입니다.

자격사항
(현) 원광대학교 스포츠과학부 교수
(현) SBS 해설위원
(현) 전라북도체육회 이사
(현) 1급 전문 스포츠지도사(문화체육관광부)
(현) 2급 배드민턴 심판자격증
(전) FISU 세계대학스포츠연맹 기술위원
(전) 대한체육회 대한대학스포츠위원회 위원
(전) 대한배드민턴협회 경기력향상위원회 위원
(전) 대한체육회 배드민턴 국가대표 코치
(전) 캐나다 배드민턴 국가대표 코치
(전) 올림픽 금메달 ('96 애틀란타올림픽', '04 아테네올림픽')
(전) 아시안게임 금메달 ('98 방콕아시안게임', '02 부산아시안게임')
(전) 세계선수권 금메달 ('99 남자복식/혼합복식', '03 혼합복식/혼합단체전')

스포츠지도사란?

전문 스포츠지도사 (1·2급)	학교·직장·지역사회 또는 체육단체 등에서 체육을 지도할 수 있도록 국민체육 진흥법에 따라 해당 자격을 취득한 사람
생활 스포츠지도사 (1·2급)	
건강운동관리사	개인의 체력적 특성에 적합한 운동형태, 강도, 빈도 및 시간 등 운동수행 방법에 대하여 지도·관리하는 사람
유소년 스포츠 지도사	유소년(만 3세부터 중학교 취학 전까지를 말함)의 행동양식, 신체발달 등에 대한 지식을 갖추고 해당 자격종목에 대하여 유소년을 대상으로 체육을 지도하는 사람
노인 스포츠 지도사	노인의 신체적·정신적 변화 등에 대한 지식을 갖추고 해당 자격종목에 대하여 노인을 대상으로 생활체육을 지도하는 사람
장애인 스포츠 지도사(1·2급)	장애유형에 따른 운동방법 등에 대한 지식을 갖추고 해당 자격종목에 대하여 장애인을 대상으로 전문체육이나 생활체육을 지도하는 사람

▶ 관련 근거

- 국민체육진흥법 제11조(체육지도자의 양성) 내지 제12조(체육지도자의 자격취소) 등
- 국민체육진흥법 시행령 제8조(체육지도자의 양성과 자질 향상) 내지 11조의 3(연수계획)
- 국민체육진흥법 시행규칙 제4조(자격검정의 공고 등) 내지 제23조(체육지도자의 자격취소) 등

▶ 시험 개요

- 검정기관: 국민체육진흥공단
- 접수(인터넷 접수): https://sqms.kspo.or.kr/
- 시험절차 안내

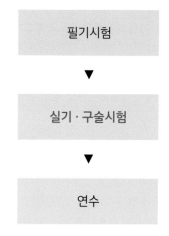

실기 · 구술시험 운영

1. 실기 · 구술 검정 진행 순서 (※ 시험 모든 과정 녹화)

수험자 신분증 확인	▶	구술시험 진행	▶	실기시험 진행

* 대기실에서 순서대로 나와 체육관 입구에서 대기 후 입실
  (체육관에서 시험을 진행한 다음 수험자는 체육관 입구에서 대기 후 입실)
* 시험장 입장 시 신분증 준비 후 입장, 개인 소지품은 모두 가지고 입장

2. 구술시험 세부 진행 사항

① 수험자 입장 시 신분증을 시험위원에게 제출하여 본인 확인 후 착석하여 수험번호 및 성명을 말한 후 시험 진행
② A, B, C 유형 선택 후 유형을 말하고 순서대로 답변(전 과정 공통)
   - 규정 2문항, 지도방법 2문항, 태도 1문항
     예 A형을 선택한 경우 문제 유형이 A형임을 설명하고 순서대로 규정1 – 답변, 규정2 – 답변하는 형식으로 문제는 읽지 않아도 되며, 현재의 순서만 말하고 답변 진행
   - 시험문제에 2급 생활, 유소년, 노인으로 분류된 문제는 응시과목 문제에 대한 답변만 진행
     예 유소년 수험자는 유소년 문제만 답변
③ 2과목 이상 응시한 수험자의 경우 응시 순서를 연속으로 배치하여 시험 진행, 과목별 배정이 각각 다르게 된 경우 운영진에게 미리 확인(다르게 배정된 경우 한 과목 종료 후 별도 장소에서 대기 후 시험 진행)
   - 2과목 이상 응시한 경우에는 구술을 2번 진행하며 두 번째 과목은 첫 번째 뽑은 유형을 제외 한 2가지 유형 중 선택하여 시험 진행. 단, 시험날짜를 다르게 응시한 경우 첫 번째 날짜에 뽑은 유형에 상관없이 3가지 유형 중 선택

3. 실기시험 세부 진행사항

① 구술시험 후 반대편 코트로 수험자가 이동 후 진행
② 서비스부터 종합평가의 순서로 진행

4. 공통사항 및 유의사항

① 수험자 외에는 시험장 입실 및 주변 대기 불가, 수험자도 시험 종료 후 바로 귀가
② 시험 진행 시 개인 소지품(라켓 등)은 모두 가지고 이동(재입실 불가)
③ 실기시험을 진행하지 않는 경우 구술시험 후 바로 귀가

1. 2급 전문스포츠지도사

평가 영역	평가 내용	평가기준		
서비스 (20점)	숏 서브, 롱 서브 (포핸드/ 백핸드) (20점)	• 숏 서브 　① 가까운 코스 정확성 　② 상대편 몸에 붙이는 정확성 　③ 사이드 먼 코스의 정확성 • 롱 서브 　① 복식 롱 서브 라인의 정확성		

평가	등급	득점
정확한 자세로 정확한 서브위치에 서브 4회 성공	A	20/18
정확한 자세로 정확한 서브위치에 서브 3회 성공	B	16/14
정확한 자세로 정확한 서브위치에 서브 2회 성공	C	12/10
정확한 자세로 정확한 서브위치에 서브 1회 성공	D	8/6
정확한 자세로 정확한 서브위치에 서브 0회 성공	E	4/2

※ 정확한 자세와 타구 방향 등에 따라 동일 등급 내 득점 차등

평가 영역	평가 내용	평가기준		
스트 로크 (20점)	헤어핀, 드롭샷, 드라이브, 커트 (20점)	• 헤어핀: 정상적인 헤어핀과 스핀 헤어핀 • 드롭샷: 양쪽 사이드라인의 정확성 및 스피드 • 드라이브: 빠른 타점에서 오는 스피드 • 커트(블럭): 낮은 자세에서 상대방의 공격을 네트 앞 양쪽에 붙이는 정확성		

평가	등급	득점
정확한 자세로 스트로크 시행 - 아주 능숙	A	20/18
정확한 자세로 스트로크 시행 - 능숙	B	16/14
정확한 자세로 스트로크 시행 - 보통	C	12/10
정확한 자세로 스트로크 시행 - 약간 미숙	D	8/6
정확한 자세로 스트로크 시행 - 미숙	E	4/2

※ 정확한 자세와 타구 방향 등에 따라 동일 등급 내 득점 차등

평가 영역	평가 내용	평가기준		
클리어 (20점)	• 포핸드 하이클리어 • 백핸드 하이클리어 (20점)	• 포핸드 · 백핸드 하이클리어 : 양쪽의 코너로 보내는 정확성		

• 포핸드 · 백핸드 하이클리어
 : 양쪽의 코너로 보내는 정확성

평가	등급	득점
정확한 자세로 클리어 시행 - 아주 능숙	A	20/18
정확한 자세로 클리어 시행 - 능숙	B	16/14
정확한 자세로 클리어 시행 - 보통	C	12/10
정확한 자세로 클리어 시행 - 약간 미숙	D	8/6
정확한 자세로 클리어 시행 - 미숙	E	4/2

※ 정확한 자세와 타구 방향 등에 따라 동일 등급 내 득점 차등

스매시 (20점) / • 점프스매시 • 백핸드 스매시 (20점)

• 점프 스매시: 높은 점프를 시도해 사이드 라인으로 보내는 정확성
• 백핸드 스매시: 사이드 라인으로 보내는 정확성

평가	등급	득점
정확한 자세로 스매시 시행 - 아주 능숙	A	20/18
정확한 자세로 스매시 시행 - 능숙	B	16/14
정확한 자세로 스매시 시행 - 보통	C	12/10
정확한 자세로 스매시 시행 - 약간 미숙	D	8/6
정확한 자세로 스매시 시행 - 미숙	E	4/2

※ 정확한 자세와 타구 방향 등에 따라 동일 등급 내 득점 차등

종합 평가 (20점) / 모든 기술 적용 능력 (20점)

• 종합평가
- 스텝과 공격, 수비동작 연결 능력
- 리커버리 능력

평가	등급	득점
정확한 자세로 스트로크 및 스텝 시행 - 아주 능숙	A	20/18
정확한 자세로 스트로크 및 스텝 시행 - 능숙	B	16/14
정확한 자세로 스트로크 및 스텝 시행 - 보통	C	12/10
정확한 자세로 스트로크 및 스텝 시행 - 약간 미숙	D	8/6
정확한 자세로 스트로크 및 스텝 시행 - 미숙	E	4/2

※ 정확한 자세와 타구 방향 등에 따라 동일 등급 내 득점 차등

실기시험 진행

① 서비스 실시
  - 숏 서브 2회 / 롱서브 2회
  - 구술시험 후 반대편 코트에서 서비스 준비 후 곧바로 진행
② 평가동작을 각 기술별로 진행
  - 운영요원이 공을 잘못 올린 경우 그 동작부터 다시 진행

2. 1급 생활스포츠지도사

평가 영역	평가 내용	평가기준		
서브 (20점)	서브 (백핸드) - 숏 서브 - 롱 서브	• 숏 서브 (20점) 　① 가까운 코스 정확성 　② 상대편 몸에 붙이는 정확성 • 롱 서브 　① 복식 롱 서브 라인의 정확성 　② 자세의 정확성(숏 서브와 공통)		
		평가	**등급**	**득점**
		정확한 자세로 정확한 서브위치에 서브 4회 성공	A	20/18
		정확한 자세로 정확한 서브위치에 서브 3회 성공	B	16/14
		정확한 자세로 정확한 서브위치에 서브 2회 성공	C	12/10
		정확한 자세로 정확한 서브위치에 서브 1회 성공	D	8/6
		정확한 자세로 정확한 서브위치에 서브 0회 성공	E	4/2
		※ 정확한 자세와 타구 방향 등에 따라 동일 등급 내 득점 차등		

평가 영역	평가내용	평가기준
종합 평가 (80점)	1. 헤어핀, 푸시 2. 헤어핀 또는 푸시 3. 하이클리어 4. 스매시 또는 드롭 5. 하이클리어 6. 스매시 또는 드롭 7. 하이클리어 * 진행순서 1 → 2 → 3 → 4 → 1 → 5 → 6 → 7 * 반복: 로테이션 (파트너와 같이 하며, 파트너는 운영요원)	• 타구자세 평가 (20점) ① 타구는 정확했는가? ② 불필요한 동작은 없는가? ③ 보다 높이, 빨리 앞에서 타격하고 있는지? ④ 강약 조절은 좋은지? • 풋워크 평가 (20점) ① 불필요한 동작은 없는지? ② 충격흡수는 충분히 하고 있는지? ③ 적당한 이동 방법인지? ④ 타이밍은 어떤지?

• 타구자세 평가 (20점)

평가	등급	득점
정확한 자세로 스트로크 시행 - 아주 능숙	A	20/18
정확한 자세로 스트로크 시행 - 능숙	B	16/14
정확한 자세로 스트로크 시행 - 보통	C	12/10
정확한 자세로 스트로크 시행 - 약간 미숙	D	8/6
정확한 자세로 스트로크 시행 - 미숙	E	4/2

※ 정확한 자세와 타구 방향 등에 따라 동일 등급 내 득점 차등

• 풋워크 평가 (20점)

평가	등급	득점
정확한 자세로 풋워크 시행 - 아주 능숙	A	20/18
정확한 자세로 풋워크 시행 - 능숙	B	16/14
정확한 자세로 풋워크 시행 - 보통	C	12/10
정확한 자세로 풋워크 시행 - 약간 미숙	D	8/6
정확한 자세로 풋워크 시행 - 미숙	E	4/2

※ 정확한 자세와 타구 방향 등에 따라 동일 등급 내 득점 차등

평가영역	평가내용	평가기준		
종합 평가 (80점)	1. 헤어핀, 푸시 2. 헤어핀 또는 　푸시 3. 하이클리어 4. 스매시 또는 　드롭 5. 하이클리어 6. 스매시 　또는 드롭 7. 하이클리어 * 진행순서 1 → 2 → 3 → 4 → 1 → 5 → 6 → 7 * 반복: 로테이션 (파트너와 같이 하며, 파트너는 운영요원)	• 타구 후 이동 평가 (20점) 　① 타구 후 이동방향은 맞는지? 　② 이동과 준비방법은 어떤지? 　③ 이동과 준비하는 동작은 정확한지? 　④ 이동 후 준비자세는 정확한지?		

• 타구 후 이동 평가 (20점)

평가	등급	득점
정확한 자세로 연결동작 시행 - 아주 능숙	A	20/18
정확한 자세로 연결동작 시행 - 능숙	B	16/14
정확한 자세로 연결동작 시행 - 보통	C	12/10
정확한 자세로 연결동작 시행 - 약간 미숙	D	8/6
정확한 자세로 연결동작 시행 - 미숙	E	4/2

※ 정확한 자세와 타구 방향 등에 따라 동일 등급 내 득점 차등

• 비타구 시 이동 평가 (20점)
　① 셔틀이 올 때 이동은 정확한지?
　② 파트너가 타구할 때 멈추어 있는지?
　③ 파트너 타구 후 이동방향은 정확한지?
　④ 이동 후 준비자세는 정확한지?

평가	등급	득점
정확한 자세로 응용동작 시행 - 아주 능숙	A	20/18
정확한 자세로 응용동작 시행 - 능숙	B	16/14
정확한 자세로 응용동작 시행 - 보통	C	12/10
정확한 자세로 응용동작 시행 - 약간 미숙	D	8/6
정확한 자세로 응용동작 시행 - 미숙	E	4/2

※ 정확한 자세와 타구 방향 등에 따라 동일 등급 내 득점 차등

실기시험 진행

① 서브 실시(백핸드)
   - 숏 서브 2회 / 롱 서브 2회
   - 구술시험 후 반대편 코트에서 서비스 준비 후 곧바로 진행
② 종합평가동작을 2회 연속으로 시행
   - 실기시험 진행순서에 따라 1회 연속으로 시행한 후, 잠시 시간을 가진 후(호흡 조절하는 시간 정도) 바로 2회 반복 실시
   - 코트 운영요원은 2명으로 1명은 셔틀콕을 올려주며 1명은 옆에서 복식 파트너로 자리 변경하며 이동
   - 운영요원이 공을 잘못 올린 경우 그 동작부터 다시 진행

3. 2급 생활 · 유소년 · 노인 스포츠지도사

평가영역	평가내용	평가기준		
서브 (20점)	• 서브(백핸드) - 숏 서브 - 롱 서브 (각 2회)	• 숏 서브 (20점) 　① 가까운 코스 정확성 　② 상대편 몸에 붙이는 정확성 • 롱 서브 　① 복식 롱 서브 라인의 정확성 　② 자세의 정확성(숏 서브와 공통)		

평가	등급	득점
정확한 자세로 정확한 서브위치에 서브 4회 성공	A	20/18
정확한 자세로 정확한 서브위치에 서브 3회 성공	B	16/14
정확한 자세로 정확한 서브위치에 서브 2회 성공	C	12/10
정확한 자세로 정확한 서브위치에 서브 1회 성공	D	8/6
정확한 자세로 정확한 서브위치에 서브 0회 성공	E	4/2

※ 정확한 자세와 정확한 서브위치에 따라 동일 등급 내 득점 차등

평가 영역	평가내용	평가기준
종합 평가 (80점)	① 푸시→ ② 푸시→ ③ 클리어→ ⑤ 리시브→ ④ 클리어→ ⑥ 리시브→ ① 푸시→ ④ 스매시→ ② 푸시→ ③ 스매시 * 전체동작을 2회 반복시행	• 타구 자세 평가 (20점) 　① 타구는 정확했는가? 　② 불필요한 동작은 없는가? 　③ 스윙의 크기는 정확한지? 　④ 강약 조절은 좋은지?

• 타구 자세 평가 (20점) 표

평가	등급	득점
정확한 자세로 스트로크 시행 - 아주 능숙	A	20/18
정확한 자세로 스트로크 시행 - 능숙	B	16/14
정확한 자세로 스트로크 시행 - 보통	C	12/10
정확한 자세로 스트로크 시행 - 약간 미숙	D	8/6
정확한 자세로 스트로크 시행 - 미숙	E	4/2

※ 바른 자세와 정확한 타구에 따라 동일 등급 내 득점 차등

• 풋워크 평가 (20점)
　① 자세는 정확한가?
　② 타구 후 이동방향은 맞는지?
　③ 적당한 이동방법인지?
　④ 타이밍은 어떤지?

평가	등급	득점
정확한 자세로 풋워크 시행 - 아주 능숙	A	20/18
정확한 자세로 풋워크 시행 - 능숙	B	16/14
정확한 자세로 풋워크 시행 - 보통	C	12/10
정확한 자세로 풋워크 시행 - 약간 미숙	D	8/6
정확한 자세로 풋워크 시행 - 미숙	E	4/2

※ 바른 자세와 정확한 타구에 따라 동일 등급 내 득점 차등

평가 영역	평가내용	평가기준
종합 평가 (80점)	① 푸시→ ② 푸시→ ③ 클리어→ ⑤ 리시브→ ④ 클리어→ ⑥ 리시브→ ① 푸시→ ④ 스매시→ ② 푸시→ ③ 스매시 * 전체동작을 2회 반복시행	**• 동작 (20점)** ① 스텝과 공격, 수비동작 연결능력 ② 이동 후 준비자세는 정확한지? {표1} **• 정확성 (20점)** ① 동작에 따른 타구 및 자세의 정확성 ② 풋워크 및 연결 동작의 정확성 {표2} {그림}

• 동작 (20점)

평가	등급	득점
정확한 자세로 연결동작 시행 – 아주 능숙	A	20/18
정확한 자세로 연결동작 시행 – 능숙	B	16/14
정확한 자세로 연결동작 시행 – 보통	C	12/10
정확한 자세로 연결동작 시행 – 약간 미숙	D	8/6
정확한 자세로 연결동작 시행 – 미숙	E	4/2

※ 정확한 자세와 타구 방향 등에 따라 동일 등급 내 득점 차등

• 정확성 (20점)

평가	등급	득점
정확한 자세로 스트로크와 풋워크 시행 – 아주 능숙	A	20/18
정확한 자세로 스트로크와 풋워크 시행 – 능숙	B	16/14
정확한 자세로 스트로크와 풋워크 시행 – 보통	C	12/10
정확한 자세로 스트로크와 풋워크 시행 – 약간 미숙	D	8/6
정확한 자세로 스트로크와 풋워크 시행 – 미숙	E	4/2

※ 정확한 자세와 타구 방향 등에 따라 동일 등급 내 득점 차등

* 방향은 그림의 번호와 같음
(그림 – 반코트, 굵은선은 네트입니다.)

② ↖	↗ ①
⑥ ←	→ ⑤
④ ↙	↘ ③

실기시험 진행

① 서브 실시(백핸드)

  - 숏 서브 2회 / 롱 서브 2회
  - 구술시험 후 반대편 코트에서 서비스 준비 후 곧바로 진행

② 종합평가동작을 2회 연속으로 시행

  - 실기시험 진행 순서에 따라 1회 연속으로 시행한 후 잠시 시간을 가진 후(호흡 조절하는 시간 정도) 바로 2회 반복 실시
  - 코트 운영요원은 2명으로 1명은 셔틀콕을 올려주며 1명은 옆에서 다음 동작 안내
  - 운영요원이 셔틀콕을 잘못 올린 경우 그 동작부터 다시 진행
  ※ 리시브는 수비동작을 평가하기 위함이며 스매시로 시험 진행

* 위 내용은 변동될 수 있으므로 반드시 시행처의 최종공고를 확인하시기 바랍니다.

목 차

PART 01 배드민턴 이론 완전정복

* 참고용 실기 동작은 유튜브 채널 'BWF Development'에서
  확인하실 수 있습니다.

PART 02 배드민턴 구술 완전정복

PART

01

배드민턴 이론

완전정복

BAD
MIN
TON

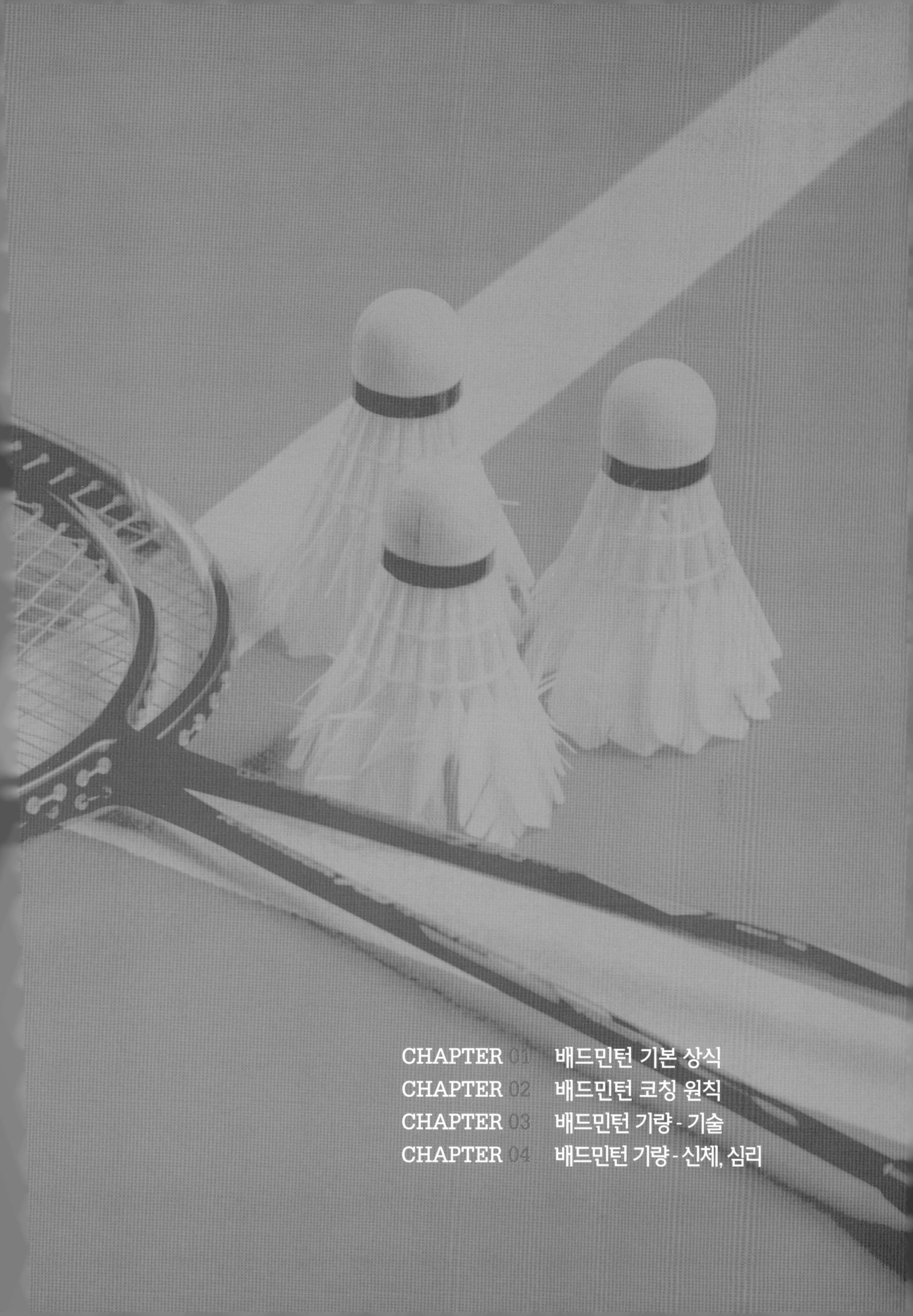

CHAPTER 01
배드민턴 기본 상식

1 배드민턴의 기본

(1) 경기 원칙

- 네트를 중앙에 두고 하는 게임이다.
- 직사각형 코트에서 경기를 한다.
- 언더핸드 서브로 시작하여 셔틀콕을 맞받아치는 경기이다.
- 남자단식, 남자복식, 여자단식, 여자복식, 혼합복식 5개 종목으로 구성되어 있다.

① 단식 경기: 대각선의 정해진 공간으로 서브를 한 후 사이드 라인과 앤드라인 안에서 셔틀콕을 계속 주고받는다.

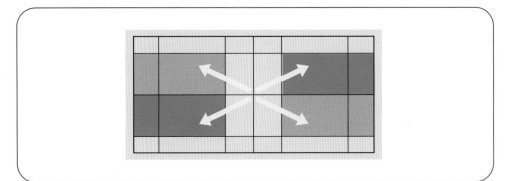

셔틀을 상대방의 대각선 선상으로 서브를 해야 함

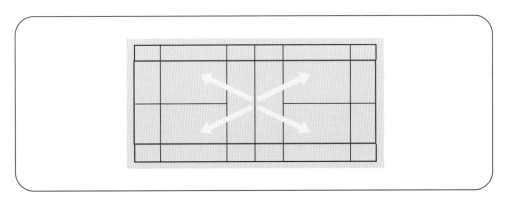

서브 이후, 굵은 선으로 표시한 부분이 단식경기에서 아웃을 판정하는 기준이 됨

② 복식 경기: 복식 경기 시 서브 유효 공간은 단식 경기 시보다 앞뒤 공간은 좁아지고, 좌우 공간은 넓어진다. 대각선의 정해진 공간으로 서브를 한 후 사이드 라인과 앤드라인 안에서 셔틀콕을 계속 주고받는다.

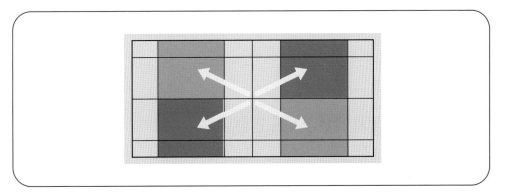

복식 경기 시 서브 유효 공간은 단식 경기 시보다 앞뒤 공간은 좁아지고, 좌우 공간은 넓어짐

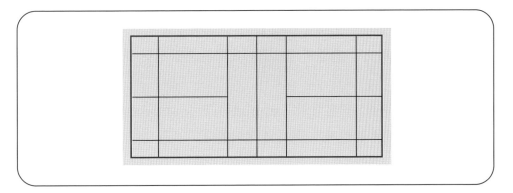

서브 이후, 굵은 선으로 표시한 부분이 복식경기에서 아웃을 판정하는 기준이 됨

③ 장애인 선수의 경우 장애 분류 체계와 선수 유형에 따라 코트 규격이 달라진다.

(2) 게임의 목표

① 상대방 코트 바닥에 셔틀콕을 떨어뜨린다.
② 상대방의 실수를 유발시켜 네트에 걸리게 하거나 라인 밖으로 쳐내도록 한다.

(3) 배드민턴의 매력

① 네트를 사이에 두고 하는 운동이라 안전하고, 남녀노소 구분 없이 누구나 손쉽게 접할 수 있다.
② 유소년과 노인의 신체능력을 키울 수 있는 운동이다.
③ 오랫동안 배드민턴을 즐길 수 있는 기술들을 개발할 수 있다.
④ 장애를 가진 사람들도 즐길 수 있고, 장애 등급에 따른 경기 규칙이 있어 공정한 경기를 할 수 있다.

2 배드민턴의 역사와 세계 배드민턴 기구

(1) 배드민턴의 기원

① 1850년대 중반부터 배틀도어와 셔틀콕으로 알려진 놀이는 영국의 뷰포트(Duke of Beaufort)의 시골 농장인 배드민턴 하우스(Badminton House)에서 현대식 배드민턴 게임으로 발전하기 시작했다. 이 기간 동안 인도(Poona)에서 비슷한 게임이 있었고 1877년 배드민턴 행동강령이 작성되었다.
② 1893년 영국의 배드민턴협회(Badminton England Association)가 영국에서 국제 경기를 관리하기 위해 결성되었다.

(2) 올림픽 & 패럴림픽 게임

① 1992년부터 하계올림픽 정식종목으로 채택되었다. 1996년에는 혼합복식 종목이 추가되면서 모든 종목에 3, 4위전이 생겨났다.

② 현재 올림픽에서 배드민턴은 5개 종목으로 경기가 펼쳐지고 금, 은, 동 총 15개의 메달이 걸려있다.

③ 2020 도쿄올림픽에서부터 장애인 배드민턴이 장애인 올림픽 종목에 포함되었다.

(3) 세계 배드민턴 기구

① 1934년 캐나다, 덴마크, 영국, 프랑스, 아일랜드, 네덜란드, 뉴질랜드, 스코틀랜드, 웨이즈 9개의 배드민턴협회들로 국제배드민턴연맹(IBF)이 설립되었다. 이후 2006년 IBF가 세계배드민턴연맹으로 명칭을 변경하면서 지금의 BWF가 생겨났다.

② BWF는 국제올림픽위원회(IOC)가 인정한 배드민턴의 세계 관리기구이다. 2011년에는 장애인 세계배드민턴협회와 BWF가 합병하면서 "한 스포츠, 한 팀"이라는 메시지를 강조했다.

③ BWF는 IOC 체제하에 유럽, 아프리카, 아시아, 오세아니아, 아메리카를 대표하는 5개 연맹으로 나뉘어 있다.

④ BWF는 각국의 배드민턴협회 및 5대륙 연맹과 긴밀히 협력하여 전 세계에 배드민턴 스포츠를 홍보, 진행, 육성 및 규제한다.

비전	배드민턴을 모두가 접근할 수 있는 글로벌 선도 스포츠로 만들고 특히 어린 이에게 평생 즐길 수 있는 기회를 제공한다.
미션	모든 이해 관계자를 이끌고 고무시키기 위해 흥미진진한 이벤트를 통해 엔터 테인먼트를 제공하여 팬 경험을 주도하고, 혁신적이고 영향력이 있으며 지속 가능한 발전계획을 창출한다.
목표	1. BWF 규칙과 원칙 수립 및 홍보 2. 신규 회원의 결성을 고무하고 회원들간 유대 강화 및 분쟁 해결 3. 국제적 관점에서 모든 국가와 대륙의 게임 관리 및 규제 4. 배드민턴을 전 세계적으로 홍보 및 보급 5. 배드민턴을 모두를 위한 스포츠로 발전시키기 위한 지원 및 장려 6. 월드 클래스 배드민턴 대회 조직 및 진행 7. 반 도핑 프로그램을 지키고 세계 반 도핑 기구(WADA) 강령 준수 및 보증

CHAPTER 02 배드민턴 코칭 원칙

배드민턴은 참가자들에게 매우 긍정적인 영향을 줄 가능성이 있으며 코치는 이러한 긍정적인 효과가 발휘될 수 있는 환경을 조성하는 데 매우 큰 역할을 한다. 그러나 이를 위해서는 코치가 자신의 역할과 책임을 분명히 이해할 필요가 있다.

1 코칭 일반

(1) 배드민턴 참여의 효과

① 배드민턴은 평생스포츠에 참여할 수 있는 기회를 제공하며, 신체적 · 사회적 · 정서적 · 지적 관점에서 많은 혜택을 제공한다.

신체적	사회적	정서적	지적
• 건강과 피트니스 혜택	• 우정 • 체험 공유 • 공동 작업	• 재미 • 성취감 • 자신감 • 스포츠적 행동	• 문제 해결 • 기술 발전

② 배드민턴을 통해 항상 긍정적인 효과를 내기 위해서는 충분하고 철저한 준비운동과 정리운동, 개인 발전을 위한 노력, 함께 만들어가는 건전한 환경 조성 등이 뒷받침되어야 할 것이다.

능력, 기술 및 잠재력: 코칭의 의미

㉠ 코치들은 모든 선수가 다르다는 것을 알아야 하며, 다른 사람들보다 더 빨리 배드민턴의 특정 측면을 배울 것으로 보이는 것을 의미하는, 뭔가 다른 "툴킷"을 가지고 있어야 한다. 코치는 훈련시간 내에서 연습의 다양한 유형과 난이도를 제공하면서 교습 방법을 차별화하여 이러한 상황을 도와야 한다. 이 접근 방법은 다음의 경우에 사용할 수 있다.
- 경기의 특정 부분에서 높은 능력을 나타내는 선수에게 매우 높은 수준의 기술을 구축한다.
- 특정 능력이 약한 것으로 보이는 선수의 개발을 지원하여 개발된 기술 레벨이 결국 약점이 목표가 되지 않도록 충분한 기준이 되어야 한다.
㉡ 개발 초기에 잘 수행하는 능력이 반드시 개발 후반기에서도 잘 수행하는 것은 아니기 때문에, 높은 능력 수준을 나타내는 것처럼 "재능 있는" 선수로 평가되지 않아야 한다. 특히 조기 학습은 사고 능력에 더 의존해야 하며, 반면에 많은 기술은 더 나은 신체 능력을 필요로 한다. 그러므로 선수는 재능 있는 선수로 선택될 수 있지만 높은 수준의 기술을 개발하는 데 필요한 능력이 그리 많지 않을 수도 있다.
㉢ 사람들이 크게 유전적으로 결정된 능력을 보이는 것으로 일반적으로 받아들여지고, 이러한 능력이 다른 것보다 강하기는 하지만, 능력의 수와 유형 및 범위에 대한 더 나은 이해를 얻기 위해서는 많은 연구가 필요하다. 이 능력은 기술 개발을 뒷받침한다.
㉣ 기술 개발 속도는 선수의 기초가 되는 능력 때문만이 아니다. 동기 부여, 운동신경, 환경(육체적/사회적) 및 코칭 품질과 같은 요소는 모두 선수의 발전과 중요한 역할을 할 수 있다.

③ 훈련의 원리

적응	적응은 훈련의 핵심 원리이다. 최상의 적응을 가능하게 하기 위해 다른 원칙들이 적용되고 조정된다. • 훈련에 대한 반응으로써 신체가 어떻게 변하는지를 묘사할 때 사용되는 용어이다. • 5대 기량 요인(기술, 전술, 신체, 심리 및 생활양식) 중 어디에서도 일어날 수 있다. • 훈련 후에 발생한다.

과부하의 원리	훈련을 통해 기량을 향상시키기 위해서는 신체와 정신이 점점 더 "힘들어짐"을 경험하는 것이 중요하다. 코치와 선수는 함께 몸을 과부하시키는 훈련을 제공하고 완성한다. 이렇게 하기 위해서는 다음을 포함하여 특정 훈련 변수를 조절해야 한다. • 빈도(훈련 빈도) • 강도(훈련 세기) • 시간(훈련 시간) • 유형(활동 유형)
회복의 원리	적응은 훈련 후에만 발생하므로 다음 사항들에 유의하는 것이 중요하다. • 적응이 가능하도록 충분한 휴식 시간을 제공한다. • 휴식이 너무 많다는 것은 다음 훈련 세션이 시작되기 전에 훈련의 이점이 사라진다는 것을 의미한다. • 충분하지 않은 휴식은 신체의 시스템이 회복되는 것을 허용하지 않는다.

(2) 코치의 역할

- 트레이너(TRAINER)
- 조언자(ADVISOR)
- 평가자(ASSESSOR)
- 멘토(MENTOR)
- 인스트럭터(INSTRUCTOR)
- 카운슬러(COUNSELLOR)
- 조직자(ORGANISER)
- 동기부여자(MOTIVATOR)
- 후원자(SUPPORTER)
- 교사(TEACHER)

(3) 코치의 책임

① 코치는 훈련에 참여하는 모든 선수들이 소중하며 평등하고 존중 받을 가치가 있다는 것을 인식해야 한다.

② 코치는 선수들에게 혜택은 극대화시키며, 위험 요소는 최소화된 활동을 제공해야 한다.

③ 코치는 상호 효과적인 관계를 구축하고 유지해나갈 수 있어야 한다.

④ 코치는 선수와 일반사회를 위해 배드민턴의 가치를 잘 인식해야 한다.

2 유소년 코칭

① 유소년을 지도할 때, 코치의 역할을 정확히 인식하는 것이 중요하다. 코치는 유소년들이 신체적 · 정서적 · 사회적 그리고 지적으로 발달하는 데 있어 긍정적인 영향을 줄 수 있도록 배드민턴을 잘 활용해야 한다. 코치는 어린 배드민턴 선수들의 기량 발전에 매우 큰 영향을 미칠 수 있다.

신체적	배드민턴은 유소년들이 좋은 건강과 fitness(체력/체형/몸매)를 유지하고, 향후 인생을 더 잘 준비하게 하는 좋은 습관을 갖추는 데 사용될 수 있다.
정서적	배드민턴은 유소년의 자긍심, 자신감 및 자기 훈련/수양을 성장시키는 데 사용될 수 있다.
사회적	유소년들은 배드민턴을 통해 우정, 팀워크 및 긍정적인 스포츠 행동을 성장시킬 수 있다.
지적	문제해결능력도 배드민턴의 전술적 측면을 통해 쉽게 성장시킬 수 있다.

② 코치는 유소년들이 다른 속도로 성장한다는 것을 알아야 하며, 이 점은 반드시 지도방법에 반영되어야 한다.

③ '10~16세' 사이의 유소년들은 급격한 성장기를 경험하게 된다. 이것을 '급성장'이라 한다.

• 일부 어린이들은 일찍(10세 정도), 일부 어린이들은 늦게(14세 정도) 급성장의 시작을 경험한다.

• 여자어린이는 남자어린이보다 더 빨리 급성장을 시작하는 경향이 있다.

• 급성장이 시작되기 2~3년 전에는 신체의 상대적 안정성과 신경계의 성숙도가 높아져서 스포츠 기술 발전에 큰 진전을 가져올 수 있는 시기이다.

- 급성장기의 유소년들은 균형(balance)과 협응(coordination)이 잘 안 되는 경험을 할 수 있다. 이러한 현상이 일시적으로 나타난다는 점을 유소년들에게 확신시키는 것이 중요하다.
- 급성장기의 유소년들은 부상 위험에 더 취약할 수 있다.

④ 급성장기에 있는 선수들에 대한 코칭방법
- 반복된 실수를 하더라도 화를 내지 않고 기다려준다.
- 지나친 운동으로 인한 부상이 발생하지 않도록 주의한다.
- 유연성의 중요성을 인식시키고 향상시킬 수 있도록 지도한다.
- 개인 능력을 최대한 발휘할 수 있도록 부상으로부터 안전하고 적합한 장소를 제공한다.

⑤ 유소년들이 스포츠를 시작할 때 즐거움과 만족감을 느끼게 되는 것은 성공을 경험하는 것으로부터 비롯된다.

▼ 유소년들이 기술을 효과적으로 익히는 데 도움이 되는 방법

라켓 그립 짧게 잡기	• 키가 작은 라켓을 쥐고 하는 것처럼 컨트롤하기가 쉽다. • 빠르게 몸쪽으로 날아오는 셔틀콕에 대한 방어가 쉬워진다.
네트 낮추기	• 상대방 코트를 내려다 볼 수 있어 각도 있는 공격을 만들어 낼 수 있다. • 성인들이 사용하는 기술들을 구사할 수 있게 한다.
천천히 떨어지는 물체 사용	초보 단계에서는 셔틀콕이 떨어지는 타이밍을 쉽게 맞추기가 어렵기 때문에 풍선과 같은 물체를 땅에 떨어뜨리지 않게 하는 놀이 형식이 효과적이다.
규칙 변경하기	쉬운 방식으로 규칙을 변경하면 보다 재밌고 쉽게 기술을 습득할 수 있다. 예 많은 양의 서브를 반복 연습할 수 있도록 번갈아 가면서 하게 한다. 예 서브 실수를 하더라도 두 번의 기회를 주면서 서브에 대한 자신감을 갖게 한다. 예 특정한 기술로 점수를 획득하면 보너스 점수를 얻을 수 있게 한다.

유소년 코칭

1. 유소년들을 지도할 때, 코치는 매우 책임 있는 역할을 한다는 것을 인식하는 것이 중요하다.

2. 배드민턴 코치는 유소년의 신체적, 정서적, 지적 및 사회적 성장에 긍정적인 기여를 할 수 있다.

3. 유소년들은 성장속도가 서로 다르기 때문에 지도 시 이를 반드시 고려해야 한다.

4. 성장 속도가 빠른 유소년들은 운동 시 일반적인 유소년들에 비해 급성장에 따른 기량 향상에 대한 새로운 경험을 하게 된다.

5. 유소년들이 운동 시 즐거움을 느끼고 기량 성장을 지원하는 데 있어 코치의 세심한 지도는 필수적이다.

⑥ 선수 육성 단계

	중간 유년기	경기 학습	단련 훈련	시합 훈련	이기는 훈련
	6~9세 남자 6~8세 여자	9~12세 남자 8~11세 여자	12~16세 남자 11~15세 여자	16~18세 남자 15~17세 여자	18세 이상 남자
기술적	• 동작(스플릿-스텝, 이동, 런지, 점프) • 타구 기술(팔뚝 회전 위주)-언더암 및 오버암	• 동작을 배드민턴 특유의 패턴으로 연결 • 히팅 테크닉을 다양한 속임수 스트로크로 변형시킴	• 점점 더 예측 불가능한 훈련 환경에서 그리고 동료와 시합할 때 동작 패턴과 스트로크를 일관성 있게 유지함 • 개인의 발전 분야를 다룸	• 동료와의 시합에서 동작 패턴과 스트로크 형태를(빠른 속도로) 일관성 있게 수행함 • 개인의 발전 분야를 다룸 • 전문적인 정기 훈련을 도입	• 정기적인 개별 훈련 프로그램

	중간 유년기	경기 학습	단련 훈련	시합 훈련	이기는 훈련
	6~9세 남자 6~8세 여자	9~12세 남자 8~11세 여자	12~16세 남자 11~15세 여자	16~18세 남자 15~17세 여자	18세 이상 남자
전술적	• 경기방식변경(작은 코트, 네트 없음, 변형된 셔틀) • 단식 • 개인의 공간 인식	• 변경된 경기 방식에서 정식 경기 방식으로 전환 • 단식 위주에서 점차 복식을 도입하여 균형을 이룸 • 계획에 따라 점차적으로 시합을 도입 • 의사 결정을 지원하는 공간 인식(높이, 폭+깊이) • 경기 상황에 따른 문제 해결 방식	• 공간, 자신, 상대방과 파트너를 인식하여 의사 결정을 지원 • 경기 상황에 따른 문제 해결 방식 • 단식 위주로 특정 복식 전술을 개발(후반기에는 혼합복식)	• 시합을 사전에 계획 • 시합 후 분석 • 비디오 분석 • 특정 상대방에 대한 시합 계획의 시행 • 정기적인 전술 훈련 방식의 도입 • 시합에서 코치와 함께 경기함	• 정기적인 개별 훈련 프로그램
신체적	• 민첩성, 균형, 협응력과 스피드에 초점을 맞춤 • 준비운동과 정리운동으로 전체 선수들을 통제함	• 신체단련법에 대한 기본적인 소개(공식화된 프로그램은 아님) • 후반기에 공식화된 준비운동 및 정리운동의 점진적인 도입	• 4S(스태미너, 스피드, 유연성 및 힘)의 개발에 대한 소개 • 정서적으로 성숙된 후 공식화된 프로그램으로 점차 전환	• 정기적인 신체 훈련을 점차로 강화시킴 • 개별화된 훈련 프로그램 • 힘/체력단련 전문가의 개입이 필요할 수 있음	

	중간 유년기	경기 학습	단련 훈련	시합 훈련	이기는 훈련
	6~9세 남자 6~8세 여자	9~12세 남자 8~11세 여자	12~16세 남자 11~15세 여자	16~18세 남자 15~17세 여자	18세 이상 남자
심리적	• 기본 경기 규칙 소개 • 경기 윤리 소개	다음에 대한 긍정적 태도의 개발 • 선수 자신 • 스포츠 종사자 • 스포츠 자체	• 연습 시 정신적 훈련을 묵시적으로 시행 • 자기-회복력 개발에 집중 • 4C 위주로 지원 - Control(통제) - Confidence (자신감) - Concentration (집중력) - Commitment (전념)	• 전문가가 지도할 가능성이 큰 본격적인 심리 훈련을 점진적으로 도입	• 정기적인 개별 훈련 프로그램
생활 양식	• 부모에 초점을 맞춤-스포츠의 간단한 규칙과 윤리 소개	• 부모 교육 프로그램(예 정기 계획, 부모-코치-선수 역할, 의사소통 등)	• 선수 자신의 생활양식 선택 및 관리 책임에 대한 기대감 증가 (부모로부터 선수로 이전)	• 생활양식 선택과 관리에서 선수가 주요 역할 담당(식사, 시간 관리, 교육/훈련 균형, 훈련 일지, 시합 계획, 장비 등)	

3 장애인 코칭

(1) 장애인 배드민턴
① 배경
- 장애인 선수를 위한 배드민턴은 국제장애인배드민턴협회(IBAD)의 설립으로 1995년 인정되었다.
- 2009년 세계장애인배드민턴연맹(PBWF)으로 변경되었으며, 2011년 세계 배드민턴연맹(BWF)에 완전히 통합되었다.
- 2020년 도쿄장애인올림픽을 시작으로 장애인 올림픽 정식종목으로 포함되었다.

② BWF 장애인 배드민턴 분류 시스템

휠체어 스포츠 종목	• WH1: 휠체어1 • WH2: 휠체어2
스탠딩 스포츠 종목	• SL3: 스탠딩 로어3 • SL4: 스탠딩 로어4 • SU5: 스탠딩 어퍼5
단신 스포츠 종목	• SH6: 단신

③ 장애를 가진 선수들을 위한 배드민턴
- 신체적 장애를 가진 선수들을 위한 배드민턴
- 지적 장애를 가진 선수들을 위한 배드민턴
- 청각 장애를 가진 선수들을 위한 배드민턴

청각장애인 선수 지도 시 고려사항

• 선수가 입술을 읽는 데 의존하는 경우, 코치를 명확하게 볼 수 있어야 한다.

• 코치는 설명 시 명확하게 말하고 선수들의 얼굴을 마주보아야 한다.

• 시범/의사소통 후 코치는 모든 사람들이 자신의 설명을 이해하였는지 확인해야 한다.

• 코치는 의사소통에 도움이 되는 수화로 몇 가지 간단한 단어를 배울 수 있다.

• 훈련의 시각적 측면을 자극하기 위해 셔틀, 튜브, 콘, 풍선 등과 같은 추가 장비를 사용해야 한다.

④ 코칭 유의사항

• 장애가 아닌 선수 지도에 집중해야 한다.

• 선수가 할 수 있는 것과 없는 것을 관찰하고, 이를 활용하여 적절한 루틴과 연습을 개발한다.

• 코트 주변의 산만함을 방지하고 시범을 명확하게 한다.

• 지시사항은 명확하고 간결하게 하고, 선수가 이를 이해했는지 확인한다.

CHAPTER 03

배드민턴 기량 - 기술

배드민턴을 정확하게 이해하기 위해서는 선수들은 크게 "공격, 중립, 수비" 3가지 상황에 잘 대처해야 한다. 3가지 상황은 셔틀콕이 날아가는 높이로 판단할 수 있으며, 아래 그림과 같이 표현되어 있다.

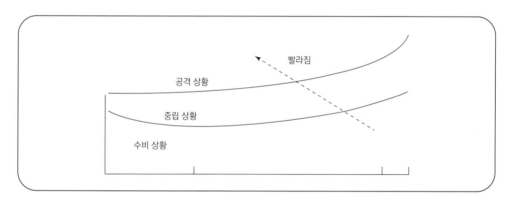

1 기량의 이해

① 5가지 핵심 기량 요인

기술적 요소	어떻게 움직이고 셔틀을 치는가?
전술적 요소	상황인식에 따른 의사 결정
신체적 요소	힘, 스피드, 내구력, 유연성 등
심리적 요소	자립심, 자신감, 통제, 집중, 전념
생활양식	활동의 균형, 시간 관리, 부모, 영양, 부상 관리

② 각각 별개로 보이는 이 5개 요소들은 코칭 정보를 구성하는 데 도움이 되면서도 서로 연결되어 있다.

- 장기간 지속되는 내구력(신체적 요소)을 갖기 위해서는 제대로 된 영양(생활양식 요소)이 필요하다.
- 더 나은 이동 및 히팅(기술적 요소)은 공격 옵션(전술)을 개선한다.
- 상대방의 스트로크에 대한 적응(전술)은 압박감을 느끼면서도 집중과 침착(심리)을 필요로 한다(심리적 요소).

2 기술 요인(이동 기술)

배드민턴은 상대적으로 작은 코트에서 몸의 균형을 흩트리고 위치에서 벗어나게 하려는 상대방과 겨루는 속도가 빠른 스포츠이다. 따라서 상대방과 잘 경쟁하려면 빠르고 효율적으로 움직일 필요가 있다.

① 배드민턴 동작의 구성 요소

- 스플릿 스텝
- 러닝 스텝
- 샤세(한 발을 다른 발 자리로 미끄러지듯이 옮기는 스텝)
- 크로스 비하인드
- 홉/피벗
- 런지
- 점프
- 착지

② 동작 사이클 모형

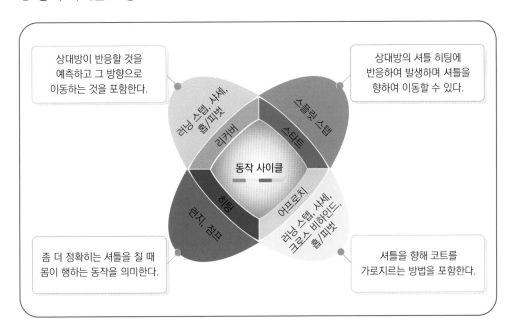

상대방이 반응할 것을 예측하고 그 방향으로 이동하는 것을 포함한다.

상대방의 셔틀 히팅에 반응하여 발생하며 셔틀을 향하여 이동할 수 있다.

좀 더 정확히는 셔틀을 칠 때 몸이 행하는 동작을 의미한다.

셔틀을 향해 코트를 가로지르는 방법을 포함한다.

③ 스플릿 스텝

[스플릿 스텝이 도움을 주는 동작]
- 연결 동작
- 방향 바꾸기
- 상대방의 샷에 더 빨리 대응

동작 내용	코칭 힌트 및 팁
① 상대방이 셔틀을 치기 바로 전에 얕은 점프를 하면 몸체가 바닥에서 튀어 나와 착지 시 더 빨리 움직일 수 있다.	• 주어진 간격으로 스플릿 스텝으로 런 다운을 실행한다. 선을 사용하여 스플릿 스텝을 연습한다.
② 착지 시 발 간격이 넓어지고 무릎이 굽혀진다. 넓어진 발 간격/무릎 굽힘은 선수가 균형을 유지하는데 도움을 준다. 상대방이 셔틀을 칠 때 또는 친 다음에 착지를 한다.	• 균형을 유지하기 위해 양 발 착지로 스플릿 스텝을 지도하는 것이 가장 좋다. 그러나 실제로는 한쪽 발이 항상 다른 쪽 발 앞에 닿아 있다. 먼저 땅을 밟는 발이 움직일 방향을 정한다.
③ 허리를 약간 굽히고 상반신은 다리 사이에서 편안하게 균형을 잡는다. 착지 시 폭발적인 푸시 오프를 사용하고 접지 시간을 짧게 하여 신속하게 이동할 수 있다.	• 왼발을 먼저 디디면 오른쪽으로 이동한다.
④ 스플릿 스텝은 상대방이 셔틀을 칠 때 선수가 있는 위치에 따라 코트 어디에서도 발생할 수 있다.	• 오른발을 먼저 디디면 왼쪽으로 이동한다.
• 앞을 디디면 뒤로 가고, 뒤를 디디면 앞으로 간다.
⑤ 스플릿 스텝은 발을 옆으로 나란히 하면서 이루어진다.	• 수행할 수 있는 스플릿 스텝이 없으므로 선수가 모든 방향으로 동등하게 이동할 수 있다.
⑥ 왼발을 앞으로 한다.	• 경험을 통해 선수는 가장 잘 반응할 수 있는 방식의 스플릿 스텝으로 착지하는 것을 배운다.
⑦ 오른발을 앞으로 한다.	

3 기술 요인(히팅 기술)

① 올바른 서브
- 서비스 시작부터 끝날 때까지 서버의 두 발 모두 코트 표면에 붙어 있어야 한다.
- 서버 라켓의 움직임은 서비스 시작부터 서비스가 완전히 전달될 때까지 앞쪽으로 지속되어야 한다.
- 서비스는 셔틀콕 전체가 지면으로부터 115cm 아래에서 이루어져야 한다.
- 서비스가 이루어지기 전에 리시버가 먼저 움직여서는 안 된다.
- 서버는 리시버가 준비되지 않은 상태에서 서브를 해서 안 된다. 경기를 지연시키는 행위로 간주될 수 있다. 그러나 리시버가 서브 리턴을 시도하게 되면 준비가 된 것으로 간주한다.
- 처음에는 서버의 라켓이 셔틀의 베이스(밑둥)를 쳐야 한다.
- 셔틀콕 전체는 서버의 라켓에 맞는 순간 지면으로부터 115cm 아래 위치해야 한다.
- 서버의 라켓의 움직임은 서비스 시작 지점부터 서비스가 전달되었을 때까지 앞쪽으로 지속되어야 한다.
- 서브를 넣을 때 서버는 셔틀을 미스하지 않아야 한다(헛치게 되면 서비스 미스로 간주한다).

② 서버는 리시버가 준비되지 않으면 서브를 하지 않아야 한다. 그러나 리시버가 서비스 리턴을 시도하면 서비스 준비가 된 것으로 간주한다.

CHAPTER 04

배드민턴
기량 - 신체, 심리

1 녹업과 정리운동

(1) 녹업(짧은 연습)

① 매치 플레이
- 매치 플레이용 녹업(knock-up)은 해당 시합의 승리에 필요한 스트로크와 동작을 이상적으로 연습할 수 있도록 해야 한다.
- 단식 경기 녹업은 코트 전체를 사용해야 한다.

② 훈련: 훈련 직전의 녹업은 해당 훈련 시간을 구성하는 주요 부분의 요소들을 포함시켜야 한다. 이와 같이 하면 코치는 선수가 어떻게 기술을 수행하는지 관찰할 수 있으므로 그에 따라 훈련 시간의 주요 부분에서 그 기술을 어떻게 코치해야 할지 알 수 있게 된다.

(2) 정리 운동과 부상 방지

① 정리 운동

정리 운동 구분	정리 운동을 하는 이유	이점	유의사항
강도가 점차 줄어드는 5~15분간의 꾸준한 유산소 운동 예 보통 걸음으로 줄어드는 느린 조깅	근육 내부와 주변에 고여 있는 체액의 제거에 도움이 됨	근육의 경직을 풀어주는 데 도움이 된다고 알려짐	운동이 격렬할수록 이 정리 운동이 중요하다. 왜냐하면 신체가 조심스럽게 평상시의 상태로 되돌아가는데 도움이 되기 때문이다.
	심장 박동수와 혈압을 점차 감소시킴	실신할 위험요소가 줄어들게 됨	
	젖산(격렬한 운동 후 생성) 제거에 도움이 됨	간으로 전달된 젖산이 유용한 에너지원으로 재전환될 수 있음	
15~30분간의 지속적인 근육의 정적 스트레칭	근육을 평상시의 정상적인 길이로 되돌림	정리운동의 정적 스트레칭은 시간이 흐르면서 근육이 점차 위축되지 않도록 막는데 도움이 됨. 시간이 흐르면서 근육이 위축되는 것을 방치하면 테크닉을 제대로 발휘할 수 없으며 부상 가능성이 커짐	심호흡과 이완에 집중하면, 스트레칭을 보다 효과적으로 할 수 있다.

> **운동 구성 요소**
> - 5가지 체력 운동 구성 요소: 신체의 구성 성분, 힘, 스피드, 지구력, 유연성
> - 4가지 운동 적성 구성 요소: 기민성, 민첩성, 역동적인 균형 및 협응

- 근육을 평상시의 정상적인 길이로 되돌린다.
- 근육 내부 및 주변에 모이는 체액을 제거하는 데 도움을 준다.
- 심장 박동과 혈압을 점차 감소시킨다.
- 젖산(격렬한 운동의 산물)을 제거하는 데 도움을 준다.

② 부상 방지

복장	움직임이 편한 옷을 입는다. 특정 소재의 꽉 끼이는 옷은 테크닉 발휘에 방해될 뿐만 아니라 피부를 손상시킬 수도 있다.
신발	• 코트에서 미끄러지는 부상의 위험을 최소화하기 위해 미끄럼 방지 밑창이 달린 적절한 경기용 신발을 착용한다. • 런닝화 같이 돌출된 밑바닥이 있는 신발은 발목이 삘 수 있으므로 피하는 것이 좋다. • 오래된 신발은 발을 덜 지지하므로 가능한 한 자주 신발을 교체한다. • 신발 끈이 너무 길어 이동에 불편함이 없도록 신발끈을 제대로 맨다. • 코트에서 새 신발을 신기 전에, 가능하면 짧은 시간이라도(예 집 주변에서) 새 신발을 신지 않도록 한다.
운동복	• 근육이 따뜻하게 유지되면 부상당할 위험이 적어지기 때문에 추운 곳에서는 경기 사이의 시간 동안 운동복을 착용하여 몸을 따뜻하게 한다. • 일부 운동복은 다리 양쪽에 지퍼가 있어 운동복을 입고 벗을 때는 도움이 되지만, 그런 운동복을 입고 운동을 하는 동안에는 지퍼를 완전히 닫아 부상 가능성을 피해야 한다.
장신구	플레이할 때 간단한 장신구를 착용하는 것은 괜찮으나, 피할 수 없는 위험을 초래하지 않아야 한다. 예를 들어, 단추 모양 귀걸이는 괜찮지만 긴 귀걸이는 부상을 초래할 수 있다.
라켓	• 미끄럽지 않은 라켓 그립을 사용하고 정기적으로 바꾼다. 미끄러운 그립은, 파트너, 상대방 및 관중에게 위험을 줄 수 있으며, 라켓을 단단히 잡을수록 근육 좌상이나 테니스 엘보우의 가능성이 높아질 수 있다. • 라켓 샤프트의 균열을 점검한다.-라켓 헤드는 최대 300kph의 속도로 공기를 통과하므로 라켓 헤드와 일체형인 핸들을 사용하는 것이 좋다.

준비 운동	• 따뜻한 근육이 차가운 근육보다 부상에 덜 취약하기 때문에 일반적으로 경기하기 전에 유산소 운동(조깅, 뛰어 넘기 등)을 통해 근육을 따뜻하게 하는 것이 필요하다. • 운동 범위와 속도가 점진적으로 증가하는 동적 스트레치(**예** 런지)는 준비 운동에도 좋다. 앞뒤, 좌우로 움직이고 회전 운동도 포함시킨다.
정리 운동	게임이 끝나면 가벼운 조깅으로 시작하여 속도를 점차 줄여줌으로 몸의 다양한 매커니즘이 안정된 수준으로 돌아갈 수 있도록 도와주는 것이 좋다. 정적 스트레치는 평상시의 원래 길이로 근육을 되돌려줌으로써 근육이 시간이 지남에 따라 점점 위축되지 않도록 한다.
코트 내	• 가능한 한 딱딱한 바닥에서 플레이하지 않도록 한다. 어쩔 수 없는 경우, 특정 관절 및 근육의 긴장을 줄이도록 변경해야 한다. • 코트 옆에 미끄럼 방지 매트(물에 적신 수건)를 깔아 신발 바닥을 깨끗하게 할 수 있다. 이것은 먼지 등으로 바닥이 미끄러울 때 유용하다. 코트에 들어가기 전에 물기가 많지 않도록 깨끗이 닦아낸다. • 위험할 수 있으므로(발목을 다칠 수 있음) 코트 표면이나 코트 주변에 흩어져 있는 셔틀들을 제거한다. • 복식에서 전위 선수인 경우, 셔틀이 지나갈 때 파트너가 무엇을 하는지 보기 위해 완전히 돌아보지 않아야 한다. 셔틀이 눈에 맞을 위험이 크게 높아지기 때문이다.
기술	• 느슨하게 잡는 그립을 사용하여 테니스 엘보우의 발생 가능성을 줄인다. • 런지 시, 발을 예상 셔틀 임팩트 지점 방향으로 향하고 무릎을 같은 방향으로 구부린다. • 안전하게 점프하고 착지하는 데 도움이 되도록 올바른 스쿼트 자세를 배운다. 등이 정강이와 평행한 자세를 취한다.

③ 부상 관리
• 급성 부상: 대개 넘어짐, 뒤틀림 또는 라켓이나 셔틀과 같은 물체로 인한 충격 등으로 인해 발생한다. 일반적인 급성 배드민턴 부상은 발목 염좌, 근육 결림 및 눈 부상 등이 있다.
• 만성 부상: 운동 과다로 인한 부상이며, 시간이 지나면서 점점 더 심해진다. 배드민턴의 예로는, 슬개골 건염(슬개골 바로 아래)과 테니스 엘보우를 들 수 있다.

④ 응급처치(R.I.C.E): 부상 관리를 위한 응급처치의 가장 기본적인 조언은 "R.I.C.E"로 알려진 절차를 따르는 것이다.

R	휴식 REST	부상을 입는 순간 즉시 멈추는 것이 중요하다. 왜냐하면 계속 플레이를 하는 것은, 부상의 정도를 키우고, 회복 시간을 늘리며, 다른 부상을 입을 위험이 높기 때문이다.
I	얼음 찜질 ICE	부상 부위에 아이싱(얼음찜질)을 하면, 고통을 줄이며, 부상 부위의 세포 활동을 느리게 하고, 부상 부위에서 세포의 손상을 줄이게 된다. 피부 조직이 손상될 수 있기 때문에 얼음을 피부에 직접 문지르거나 15분 이상 두지 않도록 한다. 1시간 후에 15분간 얼음 찜질을 다시 할 수 있다.
C	압박 COMPRESSION	예를 들어 적절한 압박 붕대를 사용한 압박은 부어오르는 것을 크게 줄일 수 있다. 이는 붓기가 적을수록 회복 시간이 짧아지기 때문에 중요하다.
E	올림 ELEVATION	손상된 신체 부위를 올리면 중력으로 인해 붓기를 유발하는 체액이 부상 부위에 몰려들지 않게 하는 데 도움이 된다.

R.I.C.E 절차를 수행한 후 자격을 갖춘 의료인의 조언을 구하고, 특히 요구되는 기간 동안 재활 훈련을 완료하는 것과 관련한 지침을 따르도록 한다.

2 신체

(1) 인체의 시스템

인체의 활동에 영향을 미치는 신체조직은 다음과 같이 다양하다.

- 골격계(skeletal)
- 근육계(muscular)
- 신경계(nervous)
- 호흡계(respiratory)
- 심혈관계(cardiovascular)
- 소화계(digestive)
- 비뇨기계(urinary)
- 내분비계(endocrine)
- 외피계(integumentary)
- 생식계(reproductive)
- 림프계(lymphatic)

(2) 골격계(Skeletal System)

혈액세포(blood cell) 형성	인체 내의 특정 뼈(예 위쪽 팔 뼈 및 위쪽 다리 뼈)에는 심혈관계에서 사용되는 혈액세포를 생성하는 적색 골수(red bone marrow)가 함유되어 있다.
미네랄(mineral)의 저장	뼈는 칼슘, 인, 나트륨, 칼륨, 마그네슘과 같이 많은 양의 미네랄을 저장한다. 이러한 미네랄을 필요할 때 필요한 만큼 인체에서 사용할 수 있다.
지탱(support)	골격은 인체의 조직을 지탱하고 근육이 부착되는 뼈대를 인체에 제공한다.
보호 (protection)	골격의 중심부는 인체의 중요 기관을 보호한다. 예를 들어 뇌를 보호하는 두개골(skull), 심장/폐를 보호하는 흉곽(ribcage)과 척수를 보호하는 척추(spine) 등이 있다.

① 뼈의 구조: 인체의 뼈는 길거나 짧고, 형태가 편평하거나 불규칙할 수 있다.

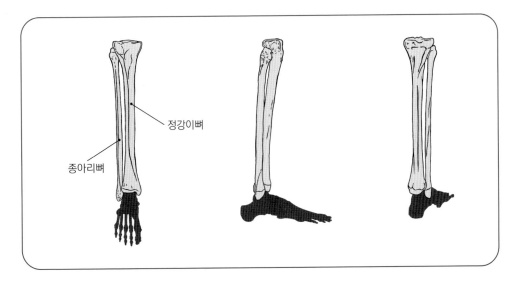

정강이뼈

종아리뼈

② 뼈 조직: 섬유와 염류(salts)로 구성되어 있으며, 이들이 결합되면 뼈가 강해져서 휨, 늘어남, 비틀림 및 압박에 대한 저항력이 뛰어나다. 긴 뼈의 중심축은 황색 골수(yellow bone marrow)로 채워져 있다.

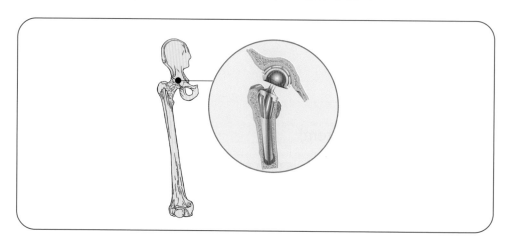

③ 골격: 성인의 골격은 206개의 뼈로 구성되어있다. 골격은 다음과 같이 2부분으로 나누어진다.

축골격 (axial skeleton)	두개골, 흉곽 및 척추로 구성된 축골격의 주요 기능은 중요 내부기관의 보호이다.
부속골격 (appendicular skeleton)	팔 및 다리의 뼈들과, 팔다리가 축골격에 붙어있도록 하는 뼈들이 포함된다(어깨뼈 및 골반).

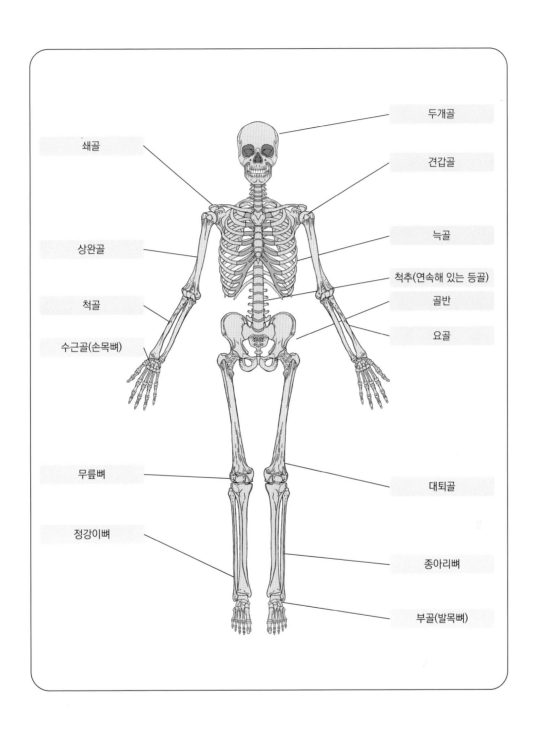

두개골

쇄골

견갑골

상완골

늑골

척추(연속해 있는 등골)

척골

골반

수근골(손목뼈)

요골

무릎뼈

대퇴골

정강이뼈

종아리뼈

부골(발목뼈)

④ 인체의 관절: 인체의 뼈는 다음과 같이 3가지 다른 유형의 관절로 연결되어 있다.

섬유성 관절 (fibrous joint)	뼈 사이에 간격이 거의 없을 경우 존재한다. 이러한 뼈들은 결합조직(일반적으로 인대)으로 연결된다. 섬유성 관절의 예로는 두개골의 뼈 사이, 정강이뼈와 종아리뼈 사이(발목 근처), 치아와 턱뼈 사이에 존재한다. 섬유성 관절은 움직임이 거의 없으므로 손상될 경우 외에는 스포츠 경기력에 중요하지 않다.
연골성 관절 (cartilaginous joint)	연골로 연결된 뼈들로 구성되어, 뼈보다 더 큰 유연성을 제공하면서 지탱하도록 한다. 연골성 관절은 움직임이 전혀 없거나 거의 없다. 약간 움직일 수 있는 연골성 관절의 예는 늑골과 흉골 사이, 그리고 등골과 척추 사이에서 볼 수 있다.
활막성 관절 (synovial joint)	인체에서 가장 일반적인 유형의 관절이다. 이러한 관절 유형의 특징은 다음과 같다. • 관절 전체를 감싸는 피막(capsule)이 있다. • 피막이 뼈 사이에 공동(cavity)을 생성한다. • 관절 피막은 관절이 부드럽게 움직이도록 하는 관절 낭액(synovial fluid)으로 채워진다. • 각 뼈 끝에는 연골층이 있다.

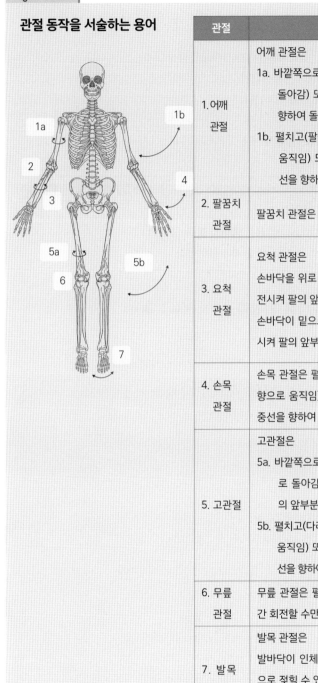

⌄ TIPS

관절 동작을 서술하는 용어

관절	관절 동작
1. 어깨 관절	어깨 관절은 1a. 바깥쪽으로(팔의 앞부분이 정중선에서 바깥으로 돌아감) 또한 안쪽으로(팔의 앞부분이 정중선을 향하여 돌아감) 회전할 수 있다. 1b. 펼치고(팔을 옆으로 정중선에서 바깥 방향으로 움직임) 또한 오므릴 수 있다(팔을 옆으로 정중선을 향하여 움직임).
2. 팔꿈치 관절	팔꿈치 관절은 회전하거나 펼칠(오므릴) 수 없다.
3. 요척 관절	요척 관절은 손바닥을 위로 향하게 움직일 수 있다(바깥쪽으로 회전시켜 팔의 앞부분이 정중선에서 바깥으로 돌아감). 손바닥이 밑으로 가게 움직일 수 있다(안쪽으로 회전시켜 팔의 앞부분이 정중선을 향하여 돌아감).
4. 손목 관절	손목 관절은 펼치고(손을 옆으로 정중선에서 바깥 방향으로 움직임) 또한 오므릴 수 있다(손을 옆으로 정중선을 향하여 움직임).
5. 고관절	고관절은 5a. 바깥쪽으로(다리의 앞부분이 정중선에서 바깥으로 돌아감) 또한 안쪽으로 회전할 수 있다(다리의 앞부분이 정중선을 향하여 돌아감). 5b. 펼치고(다리를 옆으로 정중선에서 바깥 방향으로 움직임) 또한 오므릴 수 있다(다리를 옆으로 정중선을 향하여 움직임).
6. 무릎 관절	무릎 관절은 펼칠(오므릴) 수 없으며 구부렸을 때 약간 회전할 수만 있다.
7. 발목 관절	발목 관절은 발바닥이 인체의 정중선에서 바깥을 가리키도록, 밖으로 젖힐 수 있다. 발바닥이 인체의 정중선을 향하여 가리키도록, 안으로 젖힐 수 있다.

(3) 근육계

① 근세포: 근세포는 수축에 의해 힘을 발생시킬 수 있는 특수한 세포이다.

근세포의 기능	• 인체 내의 관 직경(tube diameter)을 변화시킨다. • 인체 내의 물질을 이동시킨다. • 인체로부터 물질을 내보낸다. • 인체를 움직인다. • 인체의 관절을 안정화시킨다. • 열이 발생한다.
근세포의 유형	• 평활근(smooth muscle): 속이 비어있는 내장 기관(예 위장) 및 관(예 혈관)의 벽에서 볼 수 있다. • 심근(cardiac muscle): 심장 벽에서 볼 수 있다. • 골격근(skeletal muscle): 골격에 붙어있다.

② 골격근: 골격근의 기능은 다음과 같다.
- 인체의 움직임
- 인체 관절의 안정화
- 열 발생

인체의 주요 근육

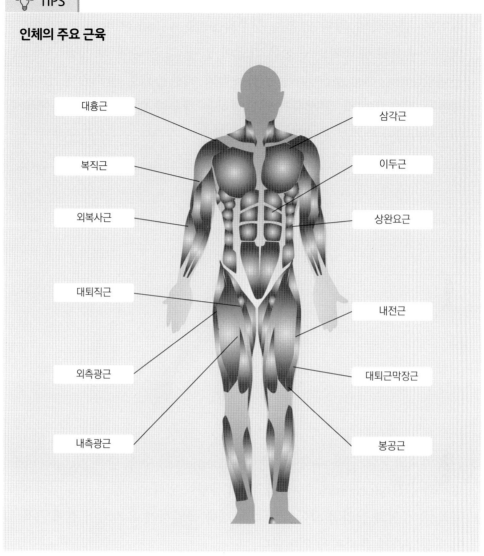

대흉근

복직근

외복사근

대퇴직근

외측광근

내측광근

삼각근

이두근

상완요근

내전근

대퇴근막장근

봉공근

③ 근육의 내부 구조: 근육의 외피는 근상막(epimysium)이라 하는 결합 조직이다. 근상막의 외피 안에는 근주막(perimysium)이라 하는 연결조직의 추가층으로 둘러싸인 근섬유 다발이 있다. 그 다음에 각 개별 근세포는 근내막(endomysium)이라는 결합조직의 최종층으로 둘러싸여 있다. 근세포는 길고 얇아서, 근섬유라고 표현하는 경우가 많다. 근섬유 내에는 망(filament)이 추가로 존재한다.

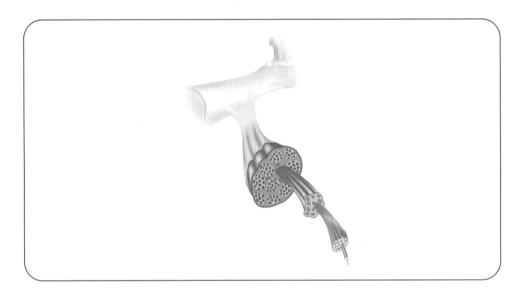

④ 근육 수축의 유형: 근육 수축에는 등척성(isometric) 수축, 단축성(concentric) 수축과 신장성(eccentric) 수축의 3가지 유형이 있다.

• 등척성: 원점과 삽입점 사이의 거리가 계속 동일하게 유지되어 전체 근육 길이가 동일하게 유지됨을 의미한다.

• 단축성: 원점과 삽입점이 서로 가까워지도록 움직여서 전체 근육 길이가 짧아짐을 의미한다. 근육이 이렇게 움직임에 따라 뼈를 당기고 운동이 이루어진다.

• 신장성: 원점과 삽입점이 더 멀리 떨어지게 움직여서 전체 근육길이가 증가하고 있음을 의미한다.

⑤ 근섬유 유형: 모든 근섬유의 유형이 동일하지는 않다. 각각 다른 근섬유 유형인, 지근(slow), 속근(fast, 2a)과 속지근(fast, 2b) 섬유의 특성은 아래 표와 같다.

특성	지근 섬유 (유형 1)	속근 섬유 (유형 2a)	속지근 섬유 (유형 2b)
수축 속도	느림	빠름	빠름
피로에 대한 저항성	큼	보통	작음
섬유 직경	작음	보통	큼
유산소 운동능력(즉, 산소 이용)	높음	높음	낮음
무산소 운동능력(즉, 산소 이용하지 않음)	낮음	중간	높음

⑥ 신장-단축 주기(stretch-shortening cycle): 신장성 근육수축(근육이 늘어남)과 그 직후에 뒤바뀌는 단축성 수축이 결합된 동작을 나타내는 용어이다. 이들이 결합되면 다음과 같은 요인에 의해 더 큰 힘을 내게 된다.
- 근육과 힘줄의 탄성 특성(elastic quality)
- 신장 반사(stretch reflex): 신장성 수축이 일어나는 동안에는, 근방추(muscle spindle)라 하는 근육 내의 구조물이 길이의 급속한 변화를 감지하여 감각신경을 통하여 척수로 메시지를 보낸다. 그 후 척수는 근육에 메시지를 보내 단축성 수축이 이루어지도록 지시한다.

(4) 소화계

① 소화계의 기능

• (입을 통해) 음식물을 인체로 받아들인다.

• 소화관을 따라 음식물을 이동시킨다.

• 음식물을 기계적 및 화학적으로 분해한다("소화"라 함).

• (혈액 및 림프계를 통하여) 소화된 음식물을 몸속으로 흡수한다.

• 노폐물을 제거한다.

② 소화계의 주요 구성요소

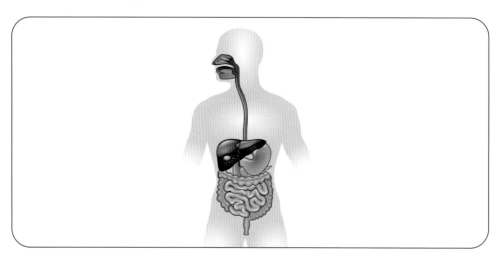

소화계의 부분	주요 기능
입, 혀, 치아 및 침샘	식품을 기계적으로 처리하고 씹어서 음식물을 분해하고 탄수화물의 화학적 소화가 시작된다.
인두 및 식도	음식물을 삼켜서 입에서 위장으로 운반하는 일을 담당한다.
위장	수축을 반복하여 음식물을 섞는다. 단백질 소화가 시작되며 탄수화물 소화가 계속된다.
소장	탄수화물, 지방 및 단백질 소화가 완료된다. 모든 영양소(탄수화물, 지방, 단백질, 비타민, 수분)와 대부분의 미네랄이 여기서 흡수된다.
대장	노폐물을 대량으로 이동시켜 직장/항문을 통한 배설을 준비하고 염분과 수분을 흡수한다.

- 간은 소장에서 지방의 소화와 흡수를 돕는 담즙을 생성한다.
- 췌장은 소장에서 대부분의 식품의 소화를 촉진시키는 많은 효소를 생산한다.

(5) 심혈관계

심혈관계는 심장, 혈관(예 동맥, 정맥 및 모세혈관)과 혈액으로 구성되어 있다.

① 심혈관계의 기능
- 산소와 음식물을 인체의 세포에 전달한다.
- 이산화탄소와 노폐물을 인체세포 바깥으로 운반한다.
- 인체 전체에 호르몬(화학전달물질)을 운반한다.
- 체온 조절을 돕는다.
- pH 조절을 돕는다(산/알칼리 균형).

② 심장

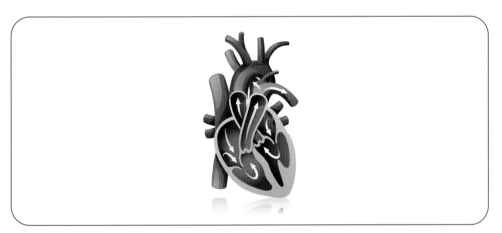

- 심장은 폐 사이의 가슴 부위에 위치한 4개의 방으로 구성된 펌프이다.
- 심장의 벽은 심근으로 구성되어 있으며, 심근은 수축과 이완을 반복하여 혈액을 몸 전체로 순환시킨다.
- 심장의 2개 상부 방은 "심방"이라 한다. 심장의 2개 하부 방은 "심실"이라고 한다. 혈액은 위 그림과 같은 경로에 따라 심장과 몸 전체로 흐른다.

관련 측정치

• 박출량(Stroke Volume): 1번의 심장박동으로 심장의 한쪽 심실에서 펌핑되는 혈액의 양. 전형적인 박출량은 75밀리리터이다.

• 심박동수(Heart Rate): 심장의 분당 박동수. 안정시의 평균 심박동수는 분당 70~75회다.

• 심박출량(Cardiac Output): 1분 동안 심장에서 펌핑되는 혈액량으로 정의되며 다음 수식과 같다.

> 심박출량(리터/분)=박출량(밀리미터/박동)×심박동수(박동/분)
>
> 5.25 리터/분=75 밀리미터/박동×70 박동/분

③ 혈관 구조

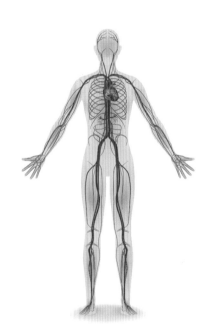

• 동맥은 심장 바깥으로 피를 운반한다. 동맥 벽은 비교적 두꺼우며 다양한 조직의 층으로 이루어져 있다. 그 층들 중의 하나는 평활근으로 구성되며 평활근이 자동으로 수축되어 내부관의 직경을 변화시킬 수 있다. 이 직경의 변화는 인체의 각 부위에 도달하는 혈액량을 조절하는 데 도움이 된다. 동맥의 두꺼운 벽은 심장의 펌핑으로 생성된 혈압을 견디는 데 도움이 된다. 동맥이 심장에서 멀어질수록 동맥 벽은 더 얇아지며 그 내경이 더 작아진다. 이 작은 동맥을 소동맥이라 한다.

• 가장 작은 혈관이 모세혈관이다. 산소와 영양소는 모세혈관의 얇은 벽을 통하여 혈액에서 신체조직(예 근육)으로 이동될 수 있다. 반대 방향으로, 신체조직은 이산화탄소 및 노폐물을 모세혈관 벽을 통하여 혈류로 이동시킨다.

• 소정맥(작은 정맥)은 혈액을 모세혈관에서 심장 쪽으로 운반하여 되돌린다. 이 소정맥들은 심장에 가까워지면서 정맥으로 변한다. 정맥은 동맥보다 벽이 얇다. 일부 정맥, 특히 팔다리의 정맥에는 혈액의 역류를 방지하는 밸브가 있다.

④ 혈액: 성인 여성의 혈액량은 평균적으로 4~5리터이지만, 성인 남성의 평균 혈액량은 5~6리터이다. 혈액 자체는 55%의 혈장(혈액의 액체 부분)과 45%의 혈구로 구성된다. 혈장은 주로 수분이지만, 단백질, 탄수화물, 지방, 미네랄 및 비타민을 비롯한 다른 물질이 많이 포함되어 있다. 또한 혈장에는 산소, 이산화탄소 및 질소가 함유되어 있다.

> ### 💡 TIPS
> - 백혈구: 감염에 맞서 싸우고 죽거나 손상된 세포에서 찌꺼기를 제거한다.
> - 적혈구: 인체에서 산소와 이산화탄소를 운반한다.
> - 혈소판(세포 조각): 혈액의 응고를 돕는다.

(6) 호흡계

① 호흡계의 역할: 호흡계는 인체세포에 산소를 공급하고 인체에서 이산화탄소를 제거하는 역할을 담당한다.
② 비강, 인두, 후두, 기관, 기관지 및 세기관지는 공기를 폐의 안팎으로 보내는 관이다. 폐포는 얇은 벽으로 되어있어 기체가 모세혈관을 통해 혈류로 들어오고 나오게 한다.

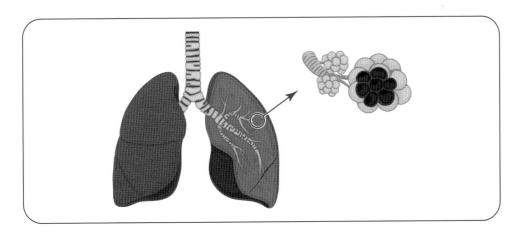

③ 젊은 성인의 전형적인 폐용량은 5,900밀리리터(남성) 및 4,400밀리리터(여성)이다.

▼ 일반적인 호흡량과 호흡률

호흡 유형	호흡률 (분당 호흡수)	단위 호흡량	분당 호흡량
평상시의 정상호흡	12	500ml	6,000ml/min
빠른 호흡	24	500ml	12,000ml/min
심호흡	12	1,000ml	12,000ml/min

(7) 에너지 시스템

① ATP-CP 시스템

- 아데노신 3인산염(Adenosine Triphosphate: ATP)은 근세포에서 소량으로 발견되는 분자다.
- ATP 분자가 분해되면 근육수축에 도움이 되는 에너지를 방출한다.
- 근세포에는 크레아틴 인산(Creatine Phosphate: CP)이라는 분자가 추가로 존재한다. 이 분자는 ATP가 약간 더 오랫동안 지속되게 한다.

▼ ATP-CP 시스템의 장단점

장점	단점
• 근육수축용 에너지의 제공에 필요한 분자가 근육 내에 있다. • 분자가 단순하며 쉽고 빠르게 분해되어 근육수축용 에너지를 빠르게 얻을 수 있다.	• 짧은 시간 동안(약 10초)에만 에너지를 제공할 수 있다는 점이다.

▼ ATP-CP 시스템의 훈련

빈도	이 에너지 시스템을 대상으로 하는 훈련은 신체 조직이 충분히 회복될 수 있도록 1주일당 2~3회만 시행해야 한다.
강도	충분히 회복시키면서 95~100%의 노력으로 반복해야 한다.

시간	• 운동의 1회 반복시간은 2~10초이다. • 각 반복운동 후의 회복시간은 운동시간의 약 6배다(즉, 10초 간의 운동 후에는 60초 간의 회복시간이 필요함). • 3~4회 운동을 3~4세트 반복하며 회복시간은 각 세트 사이에서 최대 10분이다. • 세트 수와 반복 수에 관계없이 양질의 고강도 운동을 유지해야 한다.
유형	비교적 중량이 무거운 웨이트 트레이닝, 단거리 경주 훈련(달리기 및/또는 실내 운동용 자전거), 코트에서의 섀도잉(on-court shadowing), 사다리 운동, 시계-운동(clock-work) 등
ATP-CP 시스템의 훈련 적응	• ATP 레벨의 증가 • CP 레벨의 증가 • 크레아틴 레벨의 증가 • 속근의 크기 증가
배드민턴과의 관련성	잘 발달된 ATP-CP 시스템은 10초 이하의 짧은 랠리에서 폭발적인 움직임을 지원하므로 배드민턴 선수에게 필요하다.

② 젖산 시스템(Lactic System)

• 아데노신 3인산염(ATP)은 근세포에서 소량으로 발견되는 분자다.

• ATP 분자가 분해되면 근육수축에 도움이 되는 에너지를 방출한다.

• 글리코겐은 근세포에서 발견되는 저장 형태의 탄수화물이다. 필요한 경우, 글리코겐은 포도당($C_6H_{12}O_6$)으로 전환된 후, 분해될 수 있다. 포도당 분해로 인한 에너지는 ATP 변환의 유지에 사용되어 근육수축이 오래 지속되도록 한다. 그러나 산소를 사용할 수 없는 경우에는 젖산(부분적으로 분해된 포도당)이 생성된다.

▼ 젖산 시스템의 장단점

장점	단점
• 근육수축용 에너지의 제공에 필요한 분자가 근육 내에 있다. • 분자가 단순하며 쉽고 빠르게 분해되어 근육 수축용 에너지를 빠르게 얻을 수 있다.	중간 정도의 시간 동안(약 60초)에만 에너지를 공급할 수 있다. 이 시간이 끝날 때까지는 포도당이 불완전하게 젖산으로 분해되어 산성 환경을 조성함으로 ATP의 변환이 일어날 수 있는 화학반응을 방해한다. 이는 근육의 수축 능력을 감소시킨다.

▼ 젖산 시스템의 훈련

빈도	이 에너지 시스템을 대상으로 하는 훈련은 신체조직이 충분히 회복될 수 있도록 1주일당 2~3회만 시행해야 한다.
강도	활발하게 회복시키면서 85~95%의 노력으로 반복해야 한다.
시간	• 운동의 1회 반복시간은 30~90초다. • 각 반복운동 후의 회복시간은 운동시간의 약 1~3배이다(즉, 60초 간의 운동 후에는 60~180초간의 회복시간이 필요함). • 5회 운동을 1~3세트 반복하며 회복시간은 각 세트 사이에서 최대 10분이다. • 세트 수와 반복 수에 관계없이 양질의 고강도 운동을 유지해야 한다.
유형	무게가 비교적 중간 정도인 웨이트 트레이닝, 단거리 경주 훈련(달리기 및/또는 실내운동용 자전거), 코트에서의 섀도잉, 연속한 랠리, 멀티피딩(multifeeding)
젖산시스템의 훈련적응	• 근육의 글리코겐 레벨 증가 • 포도당 분해에 관련된 화학반응을 지원하는 효소의 증가 • 선수의 높은 젖산 수준에 견디는 능력 향상
배드민턴과 의 관련성	잘 발달된 젖산 시스템은 랠리가 연장될 때 선수의 경기력을 지속시킬 수 있으므로 배드민턴 선수에게 필요하다.

③ 유산소 시스템

• 아데노신 3인산염(ATP)은 근세포에서 소량으로 발견되는 분자다.
• ATP 분자가 분해되면 근육수축에 도움이 되는 에너지를 방출한다.

- 지방과 탄수화물(글리코겐)은 모두 근육 안에 저장되며, 혈액에서 모세혈관을 통해 근육으로 지방/탄수화물을 공급하는 심혈관계에 의해 이 저장량이 유지될 수 있다. 지방과 탄수화물은 산소가 있는 상태에서 분해되면 대량의 에너지를 제공할 수 있다. 이 에너지는 ATP의 변환을 유지하는 데 이용될 수 있으며, 그 후 ATP는 더 많은 근육수축을 추진시킬 수 있다.

▼ 유산소 시스템의 장단점

장점	단점
• 지방 및 탄수화물이 장시간 동안 많은 양의 에너지를 공급할 수 있다. • 관련된 화학반응 　- 호흡으로 처리할 수 있는 양의 이산화 탄소를 생성 　- 수분을 생성	• 화학반응이 복잡하여 에너지 생성이 비교적 느림 • 유산소 시스템은 근육의 화학반응 효율에 의존 할 뿐만 아니라 　- 지방, 탄수화물 및 산소를 근세포에 공급하고, 　- 이산화탄소를 제거하는 혈관계의 능력에 도 의존한다.

▼ 유산소 시스템의 훈련

빈도	유산소 훈련은 그 운동 강도가 비교적 낮으므로 매일 시행할 수 있다.
강도	최대치의 60~85%
시간	• 20~60분 간의 전체 훈련시간. 이는 1회의 훈련(예 최대속도의 65%에서 30분 간의 1회 달리기)이거나 또는 시간 간격이 긴 훈련(예 85%에서 3분 반복)일 수 있다. • 간격을 두고 훈련하는 경우에는 실제 휴식 시간은 운동 시간과 비슷해야 한다 (3분 운동 후, 3분 휴식).
유형	달리기, 자전거 타기와 수영을 이용할 수 있다.
유산소 시스템의 훈련 적응	• 근세포 내의(유산소 에너지 생성을 지원하는) 미토콘드리아가 증가 • 유산소 화학반응을 지원하는 효소량의 증가 • (산소를 근육 내에 저장하고 운반하는) 미오글로빈의 수준이 증가 • 근세포의 지방 및 탄수화물 이용 능력의 향상 • 심혈관계가 지구력 훈련에 여러 방식으로 적응-이러한 적응은 지구력 훈련에 관한 절에서 다루고 있다.
배드민턴과의 관련성	랠리, 경기 그리고 훈련 과정 사이에서 배드민턴 선수가 회복될 수 있도록 하려면, 기초가 튼튼한 지구력이 필요하다.

3 신체 능력

(1) 균형

① 용어 정리

무게중심(Centre of Gravity)	체중이 집중되어 있는 인체 내의 가상적인 점이다.
지지기반(Base of Support)	지면과 접촉하는 점들 사이의 영역이다.
평형(Equilibrium)	지지기반 주위의 균등한 힘의 분포를 설명하기 위해 사용되는 용어다.
정적 균형(static balance)	정지된 지지기반 주위에 힘이 균등하게 분포되어 있는 신체의 평형 상태이다.
동적 균형(dynamic balance)	지속적으로 변화하는 지지기반 위에서 무게중심을 계속 유지할 수 있는 선수의 능력이다.

TIPS

균형의 원리

- 무게중심이 낮아질수록, 선수의 안정감이 커진다.
- 무게중심이 지지기반 위에 있으면 선수가 균형을 이룬다.
- 무게중심이 지지기반의 중심에서 벗어날수록 인체가 더 불안정해진다.
- 지지기반이 넓어질수록 선수의 안정감을 잃지 않으면서 무게중심을 특정 방향으로 더 멀리 이동시킬 수 있다.
- 무게중심을 지지기반의 가장자리로 이동시키면 보다 빨리 움직일 수 있다.
- 인체의 일부분을 지지기반의 중심에서 멀리 이동시키면, 선수의 무게중심도 그 방향으로 움직인다. 무게중심을 다시 지지기반의 중심으로 되돌리기 위해서는 다른 인체 부분을 반대 방향으로 이동시킬 필요가 있을 수도 있다.
- 움직일 때, 무게중심을 지지기반 내에 유지하여 선수의 안정감을 지원하려면 힘을 가하는 방향으로 지지기반을 증가시켜야 한다.

② 인체의 균형을 제어하는 요인: 눈, 내이 및 자기수용체(proprioceptor)는 감각신경을 통해 중추신경계(뇌 및 척수)로 정보를 보낸다. 중추신경계(central nervous system: CNS)는 이에 반응하여 인체의 근육에 메시지를 보낸다. 이 근육은 수축하여 팔다리를 움직여서 균형을 유지할 수 있도록 한다.

- 내이에 위치한 전정계(vestibular system)
- 눈
- 인체 근육 및 힘줄 내의 센서의 의한 자기수용감각(proprioception)

③ 균형을 훈련하는 이유
- 부상의 위험을 줄인다.
- 보다 효율적으로 움직인다(더 빠른 속도로, 에너지를 적게 사용하면서).

④ 균형과 빈도(Frequency) · 강도(Intensity) · 시간(Time) · 유형(Type) 원칙

빈도(F)	균형 훈련은 매일 수행할 수 있다.
강도(I)	균형 훈련의 강도는 매우 달라질 수 있다. 정적 균형의 강도는 매우 약하지만, 동적 균형(특히 점프가 수반되는 균형)은 강도가 클 수 있다.
시간(T)	• 균형 운동은 준비 운동의 일부로 구성될 수 있어서, 모빌라이징(예 한쪽발로 다리 스윙 밸런싱, 런지 등) 및 섀도잉과 같은 준비 운동의 다른 측면에 쉽게 통합될 수 있다. • 부상에서 회복시의 균형 운동에 소요되는 시간은 물리치료사가 결정해야 한다.
유형(T)	정적 균형과 동적 균형을 모두 훈련시킬 수 있다. 논리적으로 정적 훈련(강도가 약함)은 동적 균형(강도가 큼) 전에 수행시켜야 한다.

(2) 협응력(Coordination)

협응력은 신체동작의 타이밍을 효과적으로 맞출 수 있는 능력이다. 배드민턴은 시각정보(예 셔틀, 상대방, 파트너 등)에 반응하여 신체를 움직이게 함으로써 셔틀을 효과적으로 받아치는, 고수준의 협응력을 필요로 한다.

(3) 스피드, 민첩성 및 기민성

① 스피드(speed), 민첩성(agility) 및 기민성(quickness)이라는 체력(fitness) 구성요소는 서로 밀접하게 관련되어 있다.

스피드	전신(또는 신체의 일부)을 빠르게 움직이는 능력
민첩성	균형을 유지하면서 방향을 신속히 바꾸는 능력
기민성	상대방의 스트로크에 반응하고 그에 대응하여 속도를 높이는 능력

② 스피드, 민첩성 및 기민성을 훈련시키는 이유
- 셔틀을 빠르게 쳐서 상대방에게 시간을 더 적게 준다.
- 셔틀을 빠르게 치고 그럼으로써 공격이 성공할 기회가 더 많아진다.
- 압박을 받는 상황에서 상대방의 스트로크를 되받아친다.

③ 스피드, 민첩성 및 기민성 훈련에 인체가 반응하는 방식: 근육계와 신경계는 스피드, 민첩성 및 기민성 훈련에 적응한다. 전정(내이), 눈 및 자기수용체(근육 센서)로부터의 정보는 감각신경이 중추신경계(뇌 및 척수)로 보낸다. 중추신경계는 이에 반응하여 응답 메시지를 운동신경을 통해 근육으로 보내 근육이 적절하게 수축 또는 이완되어 인체의 자세를 적절하게 변경시킨다. 이는 매우 신속하고 지속적으로 발생하는 과정이다.

④ SAQ 훈련 및 FITT 원칙

빈도 (F)	SAQ 훈련은 1주일에 1~4회 수행해야 한다. 성인 선수의 경우에는, 오프시즌에 스피드 훈련의 빈도가 줄어들 수 있으며 시즌 전에 점진적으로 증가시켜 경기 전 단계에서 대부분을 회복시켜야 한다.
강도(I)	SAQ 훈련은 강도가 매우 커야 하며 항상 선수의 훈련 수행 가능률의 증가를 목표로 해야 한다.
시간 (T)	SAQ 훈련은 강도가 크므로 한번에 15초 미만 동안 이루어져야 하며, 휴식 시간이 운동 시간보다 5배 이상이어야 한다(즉, 10초 동안 운동 후, 50초 간 휴식). 전체 소요 시간은 선수마다 다르며, 훈련 질이 떨어지는 경우에는 코치가 훈련을 중단시켜야 한다.

유형 (T)	SAQ 훈련의 유형은 다음을 비롯하여 매우 다양하다. • 빠른 발 동작 • 사다리 운동 • 허들 운동 • 파트너와 섀도잉 • 반응 운동 • 번지 코드(bungee cord) 운동 • 시계(clock) 훈련

(4) 지구력

① 지구력의 정의: 지구력은 "피로를 이겨내는 신체의 능력"으로 정의할 수 있다. 지구력을 다룰 경우의 가장 중요한 신체 체계는 심혈관계, 호흡계 및 근육계이다.

② 지구력을 훈련시켜야 하는 이유
- 장시간의 랠리 중에 운동량을 유지해야 한다.
- 랠리 사이에서 회복되어야 한다.
- 장시간의 경기 중에 운동량을 유지해야 한다.
- 경기 사이에서 회복되어야 한다.
- 훈련시간 사이에서 회복되어야 한다.

③ 인체가 지구력 훈련에 적응하는 방식: 지구력 훈련의 결과로서 적응하는 3가지 주요 신체 체계는 근육계, 심혈관계와 호흡계이다.

지구력 훈련에 대한 근육계의 적응	• 미토콘드리아(근육 내의 에너지 공장) • 산소를 사용한 ATP의 생성 능력 향상 • 크기 및 개수의 증가 • 지방 및 탄수화물을 에너지원으로 이용하는 근육 능력의 향상 • 지근 섬유의 크기 증가

지구력 훈련에 대한 심혈관계의 적응	• 심장의 무게 및 부피가 장기간의 훈련으로 증가함. 이러한 변화는 좌심실에서 가장 현저하게 나타난다. • 안정 시의 심박수가 감소한다. • 특정 운동 강도의 심박수가 감소한다. 예를 들어, 지구력 훈련을 받은 선수는 지구력 훈련을 하지 않은 선수보다 특정 스피드로 달릴 때의 심박수가 낮다. • 안정 시와 운동 중에 심장의 박출량(즉, 박동마다 한쪽 심장에서 내보내는 혈액량)이 증가한다. • 최대 심박출량(분당 내보낼 수 있는 최대 혈액량)이 증가한다. • 훈련 받은 선수는 혈액량이 증가한다. • 지구력 훈련을 정기적으로 하면 혈압이 감소하는 경향이 있다. • 근육이 보다 효과적으로 혈액에서 산소를 추출할 수 있다. • 혈액이 필요한 곳으로 신체가 보다 효율적으로 혈액을 분배할 수 있다.
지구력 훈련에 대한 호흡계의 적응	• 분당 호흡할 수 있는 최대 공기량이 증가한다. 이는 호흡당 증가와 호흡률의 증가에 기인한다. • 특정 운동 수준에서는, 훈련받은 사람이 훈련받지 않은 사람보다 더 적게 호흡한다. 훈련된 사람은 혈류가 더 적게 필요하므로 호흡근이 더 많이 움직이지 않음을 의미한다. 이 혈액은 다른 신체부위를 돕는 데 사용될 수 있다.

④ 지구력 F.I.T.T 원칙

빈도(F)	오프 시즌과 시즌 전에는, 개인의 필요에 따라 1주일에 3~4회 지구력 훈련을 수행할 수 있다. 시즌 중에는 2회로 감소시키는 경향이 있다.
강도(I)	심박수를 이용하면 선수가 자신의 이상적인 훈련 심박수를 평가하는 데 도움이 될 수 있다. 훈련 심박수를 계산하는 한 가지 방법은 다음과 같다. • 220에서 자신의 나이를 빼서 최대 심박수(maximum heart rate: MHR)를 추정한다. • 안정 시의 심박수(resting heart rate: RHR)를 측정한다.

강도(I)	• 최대 심박수(MHR)에서 안정 심박수를 빼서 운동 심박수(working heart rate: WHR) 수치를 구한다.
	• WHR 수치의 60, 70 및 80%를 계산한다.
	• 이 계산된 심박수(60, 70 및 80%)를 안정 심박수에 더한다.
	• 자신의 체력 수준과 훈련 목표에 따라 60~80% 사이에서 훈련한다.
	예를 들어,
	• 20세이면 최대 심박수(MHR)의 추정치가 200박동/분(220-나이)
	• 이 20세 선수의 안정 심박수(RHR)가 60박동/분
	• 이 선수의 WHR은 140박동/분
	• 140의 60%는 84, 140의 70%는 98, 140의 80%는 112박동/분
	
	     • 최하 훈련 수준 (60%): 60 + 84 = 144박동/분
	     • 중간 훈련 수준 (70%): 60 + 98 = 158박동/분
	     • 최고 훈련 수준 (80%): 60 + 112 = 172박동/분
	
	• 60~70%의 훈련이 지방 연소에 적합 또는 덜 건강한 사람에게 가장 적절한 강도다.
	• 70~80%의 훈련이 더 건강한 사람에게 알맞은 훈련 강도다.

시간(T)	• 심혈관계에서 좋은 결과를 얻으려면 최소한 20분의 지속시간으로 시작하도록 권장한다(아마도 오픈 시즌에서). 최대 약 60분의 길이가 합리적이다. 30~45분 간의 달리기가 가장 일반적이다. • 꾸준하게 지속적인 운동의 대안으로 3~5분 간 운동 후에 3~5분 간의 유효 회복이 수반되는 인터벌 트레이닝을 이용할 수 있다.
유형(T)	• 부드럽고 평평한 표면 위에서 달리기 • 선수가 훈련 시의 충격을 감소시켜야 한다면 사이클링

(5) 유연성

① 유연성의 정의: 관절 주위의 움직임 범위 및 용이성

② 유연성에 영향을 미칠 수 있는 요인

내부요인	외부요인
• 관절 유형. 예를 들어, 고관절과 같은 구상 관절은 팔꿈치와 같은 경첩 관절보다 움직임 범위가 큼 • 뼈 구조. 예를 들어, 어깨 관절과 고관절은 구상 관절이나, 어깨 관절은 뼈의 구멍이 얕아서 보다 유연할 수 있는 관절임을 의미함 • 관절의 내부 구조(예 인대와 연골)는 움직임을 제한함 • 근육, 힘줄, 인대와 피부 탄력성 • 근육의 이완 능력 • 관절의 온도 • (관절 낭액을 통한) 관절의 윤활 • 부상	• 외부 온도(체조직이 따뜻할수록 차가운 조직보다 더 유연함) • 하루 중의 시간대(대부분의 사람들은 아침 일찍보다 늦은 시간에 더 유연함) • 연령(일반적으로 사춘기 이전의 아동이 성인보다 더 유연함) • 성별(일반적으로 여성이 남성보다 더 유연함) • 의복이나 장비로 인한 제약

③ 유연성을 훈련하는 이유

- 셔틀에 닿을 수 있다.
- 좋은 테크닉을 유지한다.
- 힘을 효과적으로 낸다.
- 부상의 위험을 줄인다.
- 신체 양쪽의 유연성을 고르게 유지한다.

④ 유연성 F.I.T.T 원칙

빈도(F)	유연성은 매일 훈련할 수 있다.
강도(I)	• 정의에 따라 효과적인 유연성 훈련을 위해 사용된 자세들은 목표로 하는 근육을 스트레칭된 위치에 놓는다. 스트레칭 정도는 선수의 내부 반응에 따라 다르며 선수는 스트레칭을 느껴야 하나, 통증을 느끼지 않아야 한다. • 효과적으로 스트레칭하려면 긴장 이완이 중요하므로 심호흡, 조용한 분위기와 조명을 끄는 것도 도움이 될 수 있다. • 스트레칭 중에 근육이 이완되면 보통 새로운 스트레칭 위치로 옮길 수 있다.

시간(T)	• 유연성만 훈련하는 시간은 15~45분까지 지속할 수 있다. 유연성 훈련은 강도 높은 훈련이나 경기 후의 정리운동의 일부로 포함되어 야 하지만, 근육을 풀기 위한 유산소 운동을 먼저 한 후에 유연성만 훈련하 는 시간을 가져야 한다. • 스트레칭은 15~20초 이상 유지해야 하지만 더 길게 할수록(30초~1분) 좋다.
유형(T)	• 정적 능동 스트레칭 이 유형은 스트레칭을 위해 팔다리를 제자리에 유지하기 위하여 대립하는 근육 그룹의 힘이 필요하다. 예를 들어, 등 위쪽의 근육을 수축시켜 어깨뼈 를 더 가깝게 잡아당기면 가슴의 흉근이 자연스럽게 스트레칭 된다. • 정적 수동 스트레칭 정적 수동 스트레칭은 외부 힘을 이용하여 스트레칭을 제자리에 유지시킨 다. 양다리를 뻗은 채 바닥에 앉은 후 앞으로 몸을 기울이는 것은 상체에 작 용하는 중력에 의존하여 햄스트링과 등 아래 부분의 근육을 스트레칭하므 로 수동 스트레칭이다.

(6) 힘

① 힘의 4가지 유형

코어 힘	인체의 관절들을 안 정화시키는 특정 근 육들의 능력	• 배드민턴 선수는 다음과 같은 이유로 코어 힘이 좋아야 한다. • 관절이 안정적이면 부상에 덜 취약하다. • 힘과 파워는 안정적인 기반 위에서 효과적으로 만들어질 수 있다. • 부상 방지에 도움이 된다.
최대 힘	한 번의 노력으로 선 수가 낼 수 있는 가 장 큰 힘	(역도 선수가 보여줄 수 있는 것처럼) 모든 배드민턴 선수 들이 매우 큰 최대 힘을 보여줄 필요는 없다. 그러나 깊은 런지로부터 회복하려면 파워를 만들기 위한 기초로 다리에 상당한 수준의 최대 힘이 있는 것이 바람직하다.
힘 지구력	근육이 피로를 느끼 지 않고 반복적인 수 축을 유지할 수 있는 능력	배드민턴 선수는 한 경기 동안 동작(예 런지, 점프, 바닥에 서 밀어치기, 셔틀 치기)을 여러 번 반복해야 하므로 힘 지 구력이 중요하다.

| 탄성력 | 근육이 신속한 사전 스트레칭 후에 빠른 스피드로 힘을 낼 수 있는 능력 | • 배드민턴 선수에게는 탄성력이 매우 중요하다. 예를 들면, 백스윙, 빠르게 근육을 스트레칭한 후 반대 방향으로 움직여서 강력한 포워드 스윙을 만들어 낸다.
• 스플릿 스텝. 이는 종아리 근육을 빠르게 스트레칭하고 선수가 더 빨리 움직일 수 있게 하는 반동 효과를 가져온다. |

② 힘 훈련에 대한 적응
- 근섬유 크기의 증가
- 무산소 에너지 생성을 지원하는 화학 반응을 촉진시키는 효소(생체 촉매)의 증가
- 탄수화물을 연료원으로 사용하는 능력의 증가
- 근육 내의 아데노신 3인산(ATP), 크레아틴 인산(PC) 및 글리코겐(탄수화물)의 근육 저장량 증가
- 인대 및 힘줄의 힘 증가
- 뼈의 미네랄 함량 증가

③ 힘의 F.I.T.T 원칙

빈도(F)	주당 2~3회의 힘 훈련은 적응을 이루면서도 회복시간이 충분할 수 있다. 다른 시간에 신체의 다른 부위를 대상으로 훈련하는 경우에는 더 많은 시간을 훈련시킬 수 있다.
강도(I)	• 힘 지구력 훈련은 15회 이상 반복 시까지 다음 반복을 완료하지 못한 적이 없었던 운동을 하도록 선수에게 지시한다. • 최대 힘 훈련은 1~5회 반복이 완료될 때까지 다음 반복을 완료하지 못한 적이 없었던 운동을 하도록 선수에게 지시한다. • 탄성력(파워)은 6~10회 반복이 완료될 때까지 다음 반복을 완료하지 못한 적이 없었던 빠른 운동을 하도록 선수에게 지시한다. • 근육을 신속하게 스트레칭한 후 즉시 수축하는 빠른 움직임이 수반되는 플라이오메트릭(plyometric) 훈련은 한 훈련시간당 2~3세트씩 총 6~8세트 수행할 수 있다. • 일반적으로 1회의 힘 훈련시간마다 각각 2~3세트의 운동을 완료한다(예 힘 지구력의 경우 15회 반복의 2~3세트).
시간(T)	세트 사이의 회복시간은 개인에 따라 다르나, 3~5분간의 시간이면 충분하다.

유형(T)	힘 훈련의 유형은 다음을 비롯하여 매우 다양하다.
	• 맨몸 운동
	• 머신 웨이트(Machine weight) 운동
	• 프리 웨이트(Free weight) 운동
	• 메디신 볼(Medicine Ball) 운동
	• 세라밴드(Theraband, 탄력 밴드)
	• 플라이오메트릭(Plyometric)

4 스포츠 심리학

스포츠 심리학이란 스포츠에서 개인 및 그룹의 정신적 과정 및 행동으로 정의할 수 있으며 기술, 전술, 신체적 컨디셔닝 및 훈련에 영향을 준다.

☀ TIPS

스포츠 심리학의 분야
• 임상 스포츠 심리학
• 연구 스포츠 심리학
• 코칭 스포츠 심리학

(1) 헌신(Commitment)

헌신이란 "특정 활동에 참여한 기간 및 강도"로 정의할 수 있으며 동기유발 개념과 밀접한 관련이 있다.

(2) 동기유발(Motivation)

사회적 요인(성공/실패, 경쟁/협력, 코치 행동)과 그 요인이 선수 자신이 가지고 있는 믿음(능력 있음, 자율적임과 친밀한 관계임)에 미치는 영향에 따라 동기유발의 유형이 결정된다.

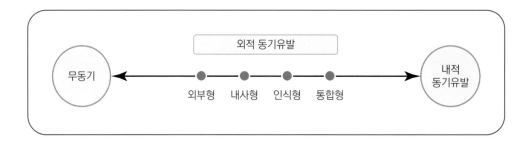

(3) 응집력(Cohesion)

응집력이란 "단결하려는 경향"으로 정의할 수 있으며, 팀 응집력은 "한 집단의 단결하려는 경향"으로 정의된다.
① 과제 응집력: 그룹의 구성원들이 그룹의 목표를 달성하기 위해 협력하는 능력
② 사회적 응집력: 그룹의 구성원들이 서로 함께 있음을 즐거워하는 정도

(4) 집중(Concentration)

집중이란 "주의를 기울이는 과정"으로 정의할 수 있으며, 효과적인 집중은 선수가 수행을 향상시킬 수 있는 분야에 주의를 기울이는 것이다.

(5) 자신감(Confidence)

자신감이란 "원하는 수준의 수행성과를 달성할 수 있게 하는 과제들을 수행할 기량이 자신에게 있다는 믿음"으로 정의할 수 있다.

(6) 통제(Control)

좋은 자기 통제를 보이는 선수들은 자신이 효과적으로 훈련하고 시합에 임하도록 돕는 방식으로 자신의 정신 상태를 조절할 수 있다.

배드민턴 구술
완전정복

BAD
MIN
TON

CHAPTER

01

이해능력 영역

* 스포츠지도사 선택과목의 일반개념 및 특성 이해 관련 문항을 수록

1 공통 이해능력

Q. 001 ①
'전문체육'에 대하여 설명하시오.

국민체육진흥법에서 특정 경기종목에 관한 활동과 사업을 목적으로 설립되고 대한장애인체육회에 가맹된 법인 또는 단체인 경기단체 및 장애유형별 체육단체에 등록된 선수들이 수행하는 운동경기를 의미한다.

Q. 002 ①
'생활체육'에 대하여 설명하시오.

일반인들이 건강, 복지증진, 여가선용을 위해서 자발적으로 참여하는 범국민적 사회운동이며, 모든 삶을 위한 체육을 말한다. 보통 주 2~3회 운동을 규칙적으로 생활화하는 사람을 생활체육인이라 한다(기본적으로 사회체육과 동일한 개념).

Q. 003 ②
생활체육지도자란 무엇인지 설명하시오.

참가자에게 영향을 미치고 체육활동의 방향을 안내하고 운동 종목에 대한 기능과 지식을 가르치며 지시하는 사람을 말한다.

Q. 004 ②
생활체육의 3가지 요소에 대하여 답하시오.

시설(장소), 프로그램, 지도자

Q. 005 ②
생활체육의 목적에 대하여 답하시오.

- 신체적, 정서적 건강 증진
- 건전한 품성 개발
- 흥미 확대
- 시민정신의 함양
- 운동기술의 습득
- 사회적 안정 도모
- 삶의 즐거움 추구

Q. 006 ②
생활체육의 필요성에 대하여 설명하시오.

- 엘리트 체육에서 벗어나 국민 건강 유지를 위한 평생체육의 필요성이 대두되었다.
- 산업화, 기계화로 인한 현대인의 운동부족현상으로 사회구성원 전반의 체력이 저하되었다.
- 주5일제 등 근로시간 단축으로 건전한 여가 활동 수단이 필요하게 되었다.
- 현대인의 스트레스, 우울 등을 효과적으로 해소할 장치가 필요하게 되었다.
- 현대 산업사회의 개별화, 파편화 현상으로 인한 공동체 의식이 약화되었다.

Q. 007 ⑫

생활체육의 생리적·심리적·사회적 측면의 기능에 대하여 설명하시오.

- 생리적 기능: 산업화로 인한 운동부족에 맞서 적절한 신체활동 자리 마련, 신체건강의 유지와 증진, 질병치료 보조 및 성인병 예방 및 치유(심장병, 고혈압, 성인병 예방과 치료에 도움)
- 심리적 기능: 정서적 균형 유지 및 안정감. 긴장, 갈등, 스트레스 완화. 긍정적 기분전환 및 자아 존중감 형성에 도움. 우애, 친밀감 등 감정적 유대 가능(긴장, 갈등 해소에 도움)
- 사회적 기능: 생활체육 게임의 규칙에 따르다 보면 사회규범의 학습, 규칙준수, 준법정신의 함양 효과. 공동체 의식 강화로 국민 화합 창출. 노동력 증가, 생산성 유지 및 강화(이질적인 개인을 공동체로 융화, 화합)

Q. 008 ⑪

생활체육의 범위에 대하여 설명하시오.

- 경쟁적 게임: 축구, 야구, 배구, 농구, 핸드볼 등과 같이 경쟁의식을 가지고 실시하는 운동
- 야외 활동: 캠핑, 등산, 요트와 같이 야외에서 실시하는 활발한 활동
- 리듬운동: 리듬체조, 싱크로나이즈, 피겨스케이팅과 같이 리듬에 맞춰 실시하는 운동
- 체력단련 운동: 장기적인 건강 향상의 목적을 가지고 실시되는 운동으로 보디빌딩, 보건체조, 조깅 등이 해당함

Q. 009 ⑪

생활체육 시설의 기능에 대하여 설명하시오.

- 참가욕구를 충족시켜 건강과 체력을 유지·증진시킬 수 있는 장으로 기능
- 스트레스 해소 공간으로 기능
- 참가자 간의 상호 인간관계 형성 및 유대강화의 장으로 기능

- 지역사회 주민의 건전한 여가생활 영위를 위한 활동의 장으로 기능
- 주변 문화 및 환경 개선을 통하여 부수적으로 지역사회 주거가치 상승의 기능

Q. 010 01

생활체육 시설 운영 서비스에 대하여 설명하시오.

- 시설대여 서비스: 안전하고 저렴하게 이용할 수 있도록 시설을 대여
- 프로그램 서비스: 체육활동 내용(활동 프로그램)을 제공하는 서비스
- 동호인 조직 결성 서비스: 체육활동 촉진을 위하여 동호인 클럽 육성
- 지도 서비스: 난이도 수준에 따라 적합한 지도자가 배치되어 지도
- 상담 서비스: 전문도서를 비치하거나 체육 전문 상담원을 배치
- 안내 서비스: 소재지, 이용방법, 관련도서, 필름 등 전자매체 정보를 수집, 분류, 배치

Q. 011 01

생활체육으로써 배드민턴 활성화 방안에 대하여 설명하시오.

- 다양한 인구가 즐기기 위한 스포츠로 만들어야 함
- 남녀노소 누구나 즐길 수 있도록 맞춤형 프로그램을 갖춰야 함
- 참가자들의 여가시간을 활용해 운동 능력을 극대화 할 수 있도록 도와줘야 함
- 실내 스포츠라는 장점으로 계절이나 환경적인 영향이 없는 것을 홍보함
- 지역 생활체육 프로그램에 배드민턴을 접목시켜 많은 대회를 통하여 참가자들 간에 교류와 친목도모를 최우선으로 함

Q. 012 ①
사회체육에 대하여 설명하시오.

사회구성원인 일반국민이 여가시간을 활용하여 자발적으로 체육활동에 참가하는 행위로써, 국민의 삶의 질 향상과 복지증진에 기여하는 대표적 여가활동이라 할 수 있다.

Q. 013 ①
'체육'에 대하여 정의해보시오.

- 체육에 대한 정의의 발전 과정을 정리해 보면 체육이란 "계획적이고 의도적인 신체활동을 매개 또는 수단으로 하여 인간의 잠재능력을 발휘하도록 함으로써 신체적, 정신적, 사회적으로 완전한 인간을 형성하고자 하는 교육의 한 영역"이라고 정의할 수 있다. 또한 더 나아가 인간의 운동을 탐구하는 과학과 기술까지를 포함하는 것으로 볼 수 있다.
- 법적 개념: 국민체육진흥법 제2조에 규정하고 있으며 "체육이라 함은 운동경기, 야외운동 등 신체활동을 통하여 건전한 신체와 정신을 기르고 여가를 선용하는 것"이라고 정의하고 있다. 이러한 정의는 교육적 측면에서 출발한 체육의 범의를 넓게 확장한 것으로 사회의 변화에 따라 새롭게 등장한 신체활동의 다양한 현상과 기능의 확대를 반영한 것으로 볼 수 있다. 즉 전통적인 체육 용어를 사용하면서 교육으로써의 체육뿐만 아니라 다양한 신체활동, 운동, 스포츠, 레저스포츠, 레크리에이션 등의 유사 개념을 포함할 수 있도록 정의하고 있는 것이다.

Q. 014 ②
운동의 가치 및 효과에 대하여 설명하시오.

- 신체적 가치: 운동 적응력 향상, 비만 예방(건강한 삶 약속), 방위체력(인간이 생명을 유지해 나가는 데 있어 주위의 생활환경으로부터 정신적, 생리적, 생물학적, 물리학적 자극에 견디어 내는 능력) 증가
- 심리적 가치: 운동을 하면 생활만족도가 높아지며, 욕구불만 해소, 정신적 긴장 해소 등의 효과가 있음

- 사회적 가치: 사회성 발달의 가치가 있으며, 경쟁에서 승리하는 방법, 단결과 화합촉진 등의 효과, 직무 만족도 향상 등이 있음

Q. 015 ③

체육지도자(생활, 전문, 유소년, 노인, 장애인)의 역할에 대하여 3가지 이상 답하시오.

① 체육활동의 목표 설정
② 체육 프로그램 개발
③ 효율적인 지도 기법 개발
④ 생활체육 지도자 간의 인간관계 유지
⑤ 생활체육 프로그램 개발
⑥ 생활체육 재정의 관리
⑦ 생활체육 활동용 기구의 효율적 운용
⑧ 생활체육에 대한 연구 활동
⑨ 지역사회와의 유대관계 형성 및 강화
⑩ 안전사고 예방 및 시설관리
⑪ 활동 내용의 기록 및 문서 관리

Q. 016 ②

체육지도자(생활, 전문, 유소년, 노인, 장애인)의 기능에 대하여 답하시오.

① 체육활동의 조직 기능
② 체육활동 집단의 대표 기능
③ 체육활동 집단의 분위기 조성 기능
④ 체육활동 집단의 과업 평가 기능
⑤ 체육활동 전문가로서의 이상 제고

Q. 017 ③

체육지도자(생활, 전문, 유소년, 노인, 장애인)의 자질에 대하여 답하시오.

① 전문적 지식
② 의사전달 능력
③ 투철한 사명감
④ 도덕적 품성
⑤ 칭찬의 미덕
⑥ 공정성
⑦ 활달하고 강인한 성격

Q. 018 ③

배드민턴 생활 스포츠지도사 자격 취득의 필요성에 대하여 설명하시오.

- 전문적인 기능 및 자격을 획득함으로써 동호인들의 기량을 향상시켜 만족감을 실현할 수 있기 때문이다.
- 배드민턴의 우수성을 널리 알리고, 배드민턴의 저변 확대를 위한 전문적인 자격이 필요하기 때문이다.

Q. 019 ①

3대 영양소(nutrient)는 무엇인지 설명하시오.

탄수화물(Carbohydrate), 지방(Lipid), 단백질(Protein)

> **보충**
> - 3대 영양소: 탄수화물, 지방, 단백질
> - 5대 영양소: 3대 영양소 + 무기질, 비타민
> - 6대 영양소: 5대 영양소 + 물

Q. 020 ②

기초대사량에 대하여 설명하시오.

- 생물체가 생명을 유지하는 데 필요한 최소한의 에너지양을 말한다.
- 휴식 상태 또는 움직이지 않고 가만히 있을 때 기초대사량만큼의 에너지가 소모된다(남성은 체중 1kg당 1시간에 1Kcal 소모, 여성은 0.9Kcal 소모).

Q. 021 ②

흡연이 운동에 미치는 영향에 대하여 설명하시오.

- 맥박이 빨라지고 심박출량이 급격히 늘어나며 혈압이 상승한다.
- 혈중 일산화탄소(CO)를 증가시켜 혈관 벽을 파괴한다.
- 인체의 폐를 손상 및 폐 기능 저하를 초래하므로 운동 능력의 방해가 된다.

Q. 022 ②

음주가 운동에 미치는 영향에 대하여 설명하시오.

- 좌우 평형감각이 감소하거나 없어지고 언어구사의 억제, 사고 및 판단 능력이 저하된다.
- 심박이 빨라져 혈압이 올라가고 심장의 부담이 커진다.
- 칼슘이나 비타민 D의 부족으로 골다공증을 유발할 수 있다.

Q. 023 ③

탈수의 생리적인 영향을 3가지 이상 답하시오.

① 근 수축과 경련
② 운동수행능력 감소
③ 낮은 산소 섭취
④ 혈장과 혈액용적 감소
⑤ 심장기능 감소
⑥ 간 글리코겐 고갈
⑦ 체온조절기능 저하

Q. 024 ②

도핑(Doping)에 대하여 설명하시오.

- 경기력을 향상시키기 위하여 의도적으로 호르몬제, 흥분제 등 약물을 복용하거나 비정상적인 방법으로 사용했을 경우를 말한다.
- 운동수행능력을 증대시킬 목적으로 인체에 정상적으로 존재하거나 대사과정이나 생화학적 조건유지에 필수적인 물질이 아닌 물질을 복용하는 경우 그리고 체내에 정상적으로 존재하는 물질이더라도 인공적인 방법을 통해 정상치 이상으로 그 양을 증대시키고자 하는 시도를 말한다.

Q. 025 ①

근육이란 무엇인지 설명하시오.

우리 몸의 운동을 담당하는 기관이며, 힘살이라고도 한다. 근육은 골결근, 심장근, 내장근으로 나뉜다.

Q. 026 ②
근육의 종류에 대하여 설명하시오.

- 골결근(=뼈대근, Skeletal Muscle): 인체의 움직임에 사용되는 근육으로 대뇌의 지배를 받아 의식적인 수축과 이완이 가능한 수의근
- 평활근(=내장근, Somooth Muscle): 심장근 이외의 모든 내장근으로 자율신경계의 지배를 받아 무의식적으로 조절되는 불수의근
- 심장근(=심근, Cardiac Muscle): 심장의 벽을 만드는 근육으로 자율신경계의 지배를 받아 무의식적으로 조절되는 불수의근

Q. 027 ②
근섬유의 종류에 대하여 설명하시오.

- FT섬유(속근/백근): 단기간 폭발적인 힘을 사용할 때 사용한다.
- ST섬유(지근/적근): 장기적 사용 시 이용되는 근섬유이다.

Q. 028 ②
근수축의 종류에 대하여 설명하시오.

- 등척성 운동(Isotonic)
- 등장성 운동(Isometric)
- 등속성 운동(Isokinetic)

Q. 029 ②
근수축의 종류에 대하여 설명하시오.

- 등척성 운동: 근육의 길이가 변화하지 않고 수축하는 운동 예벽밀기, 코어트레이닝
- 등장성 운동: 근육의 길이가 변화하면서 수축하는 운동 예웨이트트레이닝
- 등속성 운동: 일정 관절 가동범위 및 속도로 최대근력을 발휘시키는 운동 예바이오텍스, 재활트레이닝

Q. 030 ②

스트레칭(Stretching)에 대하여 설명하시오.

근육을 신전시키는 운동으로 근육, 건, 인대, 관절의 통증이나 부상을 방지한다.

Q. 031 ②

스트레칭의 목적에 대하여 설명하시오.

신체 부위의 근육, 건, 인대 등을 늘려주는 운동으로 신체에 적절한 자극을 줌으로써 신진대사를 활발하게 하고 근육의 탄성을 높여준다. 관절의 가동 범위가 증가해 유연성이 유지·향상된다. 근육 파열 및 단열 등의 근육 손상, 염좌 등의 관절과 같은 상해 예방에 도움이 된다. 정신적 스트레스 해소에도 효과적인 운동이다.

Q. 032 ③

준비운동의 효과에 대하여 설명하시오.

- 부상예방
- 관절의 가동범위 높임
- 효소기능 촉진
- 혈류 증가
- 근육의 산소 유용성 높임
- 경기에 대한 심리적 적응

Q. 033 ③

준비운동의 필요성에 대하여 설명하시오.

체온을 높여 근육 신전, 관절의 가동범위 증가, 주운동의 효과를 증가, 순환계의 기능 활성화, 운동 상해를 방지하고자 한다.

Q. 034 ③

정리운동의 필요성에 대하여 설명하시오.

젖산 등 피로물질 제거, 뇌빈혈의 예방, 근육 통증이나 근육 경직을 예방하고자 한다.

Q. 035 ②

무산소 운동에 대하여 설명하시오.

산소의 공급을 최소화하여 시행되는 운동으로 단거리 달리기, 수영, 역도, 투포환, 태권도(품새), 웨이트트레이닝 등은 무산소 운동에 해당된다.

Q. 036 ②

유산소 운동에 대하여 설명하시오.

산소공급이 활발하게 시행되는 운동으로 장거리 달리기, 자전거, 줄넘기, 걷기, 에어로빅, 태권도(겨루기) 등 호흡을 자연스럽게 하면서 장시간 연속적으로 운동하는 것으로 심폐기능 향상과 체지방 감소의 목적으로 하는 운동을 말한다.

Q. 037 ①

유산소성 에너지 시스템을 활용하는 운동 종목에 대하여 설명하시오.

중장거리 달리기(500m, 10,000m, 마라톤 등), 사이클링, 조깅, 크로스컨트리, 에어로빅

Q. 038 ②

'스포츠심장'이란 무엇인지 설명하시오.

• 운동으로 단련된 심장을 말하여 운동을 하지 않는 일반인에 비해 운동을 꾸준히 해 온 사람의 심장이 크고, 기능이 뛰어난 것을 의미한다.
• 스포츠나 심한 육체노동에 종사하는 사람에게 볼 수 있는 좌우로 비대한 심장으로 심실의 벽이 두꺼워진 것이다.
• 맥박은 느리지만 힘차게 박동하기 때문에 혈액의 수송량이 많아 능률적이다. 또한 심근의 발달이 수반되지 않으면 심부전의 원인이 될 우려가 있다.

Q. 039 ①

트레이닝의 종류에 대하여 설명하시오.

웨이트 트레이닝, 서킷 트레이닝, 인터벌 트레이닝 등이 있다.

보충

① 웨이트 트레이닝(Weight Tr.): 무게를 가지고 하는 트레이닝
② 인터벌 트레이닝(Interval Tr.): 트레이닝 후 완전히 쉬지 않고 조깅 등으로 이어나가는 트레이닝
③ 서킷 트레이닝(Circuit Tr.): 회로 훈련법이라고도 하며 일정한 순서대로 돌아가면서 실시하는 트레이닝
④ 리피티션 트레이닝(Repetition Tr.): 완전한 휴식을 사이에 두고 반복하는 트레이닝
⑤ 파트렉 트레이닝(Fartlek Tr.): 들, 강가, 해변 도로를 본인에게 맞는 스피드로 달리는 트레이닝
⑥ 컨티뉴티 트레이닝(Continuity Tr.): 한 번 트레이닝을 시작하면 전혀 휴식을 취하지 않고 넉 다운될 때까지 계속하는 트레이닝

Q. 040 ①

서킷 트레이닝(Circuit Training)에 대하여 설명하시오.

여러 가지 운동을 통해 민첩성, 순발력, 지구력, 근력 등을 동시에 높이려는 전면적인 트레이닝을 말한다.

Q. 041 ①

서킷 트레이닝(Circuit Training)으로 인한 신체의 반응효과에 대하여 설명하시오.

유산소와 무산소를 겸하므로 심폐지구력과 근지구력을 향상시킨다.

Q. 042 ②

부상자 발생 시 대처방법에 대하여 설명하시오.

- 환자나 보호자에게 본인의 신분을 밝히고 동의(명시적 동의)를 얻은 후 사고 상황을 물어보고 환자의 이름, 몸 상태, 현재의 질병 유무 등을 짧고 간단하게 물어본다.
- 환자가 물음에 정확한 답변을 하는지, 정상적인 호흡을 하는지 등을 확인한다.
- 환자의 머리부터 발끝까지의 외상 또는 출혈 여부 등을 관찰한다.
- 환자가 사지를 움직일 수 있는지, 거동할 수 있는지를 관찰한다.
- 환자가 신체를 움직이는 데 지장이 없다면 환자가 원하는 편안한 자세로 휴식을 취하게 하고 필요한 처치가 있는지 119신고가 필요한지 등을 판단해야 한다.

Q. 043 ②

재활치료의 필요성에 대하여 설명하시오.

부상으로 인하여 신체기능이 정상적으로 움직이지 못할 때 재활치료를 통해 예전의 움직임을 되찾고 심리적, 신체적, 기능적 측면에서 안정을 찾아갈 수 있다.

Q. 044 ①

근대 올림픽 창시자는 누구인지 설명하시오.

프랑스의 피에르트 쿠베르탱 남작(1896년 아테네올림픽 1회)이다.

Q.045 ②

배드민턴의 유래에 대하여 설명하시오.

배드민턴 경기는 인도에서 시작하여 영국에서 발전하였다. 1820년경 인도 봄베이 지방에서 '푸나'라는 놀이를 당시 인도에 주둔하고 있던 영국의 한 장교가 귀국 후 글러스터시어(Gloucestershire) 주 배드민턴(Badminton)이라는 동네에 거주하는 뷰 포드(Beauford)경에 전하여 여가선용으로 즐기던 놀이로 시작되었고, 지역의 이름을 따서 지금의 배드민턴 경기가 되었다.

Q.046 ②

우리나라 배드민턴의 발전과정에 대하여 설명하시오.

우리나라에 배드민턴 경기가 보급된 것은 해방 후이다. 그러나 당시의 배드민턴은 놀이의 성격을 띤 것으로써 1957년에 대한배드민턴협회가 조직되면서 경기적 배드민턴이 소개되었다. 이후 1962년에 배드민턴협회가 대한체육회에 가입한 후 그 해 제43회 전국체육대회의 정식 종목으로 채택되었다. 1981년 황선애 선수가 전영오픈 배드민턴선수권대회에서 개인단식 우승을 차지하여 한국 배드민턴을 세계 각국에 널리 알리게 되었다. 또한 1992년 바르셀로나올림픽 남자복식 및 여자복식에서는 금메달을 획득하면서 올림픽 효자종목으로 자리매김 했으며, 7번의 올림픽에 참가하여 금메달 6개, 은메달 7개, 동메달 6개를 차지하면서 명실상부한 배드민턴 세계강국으로 인정받기 시작하였다.

Q. 047 ③

배드민턴 에티켓에 대하여 2가지 이상 설명하시오.

- 경기 시작 전과 후에 상대방과 파트너에게 인사를 한다.
- 클럽에서 규정하는 셔틀콕을 사용하며, 동일 수준의 셔틀콕을 사용한다.
- 경기에 참가할 때는 항상 새 셔틀콕을 가지고 경기에 임한다.
- 사용한 셔틀콕을 가지고 경기에 임하지 않으며, 양호한 콕일 경우 사전 동의를 구한다.
- 상대방이 보고 있을 때 네트 위로 상대방이 받기 좋게 넘겨준다.
- 바닥에 떨어진 콕은 내가 먼저 움직여 콕을 주워서 넘겨준다.
- 우리 편 파트너에게도 라켓에 받쳐주거나 손으로 건네준다.
- 네트에 손을 대면 안 된다.
- 물을 마시거나 셔틀콕을 교체할 때는 상대의 동의를 구해야 한다.
- 경기에서 패해도 인사를 하고 퇴장한다.

Q. 048 ③

경기 규정과 규칙을 따라야 하는 이유를 설명하시오.

스포츠의 정신은 공정한 경쟁이며, 명문화된 규칙은 공정함을 확보하기 위한 최소한의 조치이기 때문이다.

Q. 049 ⑫

배드민턴 운동의 효과에 대하여 설명
하시오.

- 신체적 건강 유지에 도움: 배드민턴 경기는 달리기, 도약, 몸의 회전 및 굴곡과 신전으로 이루어져 전신운동을 하게 됨으로써 우리 몸의 형태적인 변화는 물론 기능적인 변화를 가져다준다. 신경계의 발달과 함께 호흡 순환계의 발달에 도움이 되고 내장기관을 튼튼하게 한다.
- 정신적 건강의 유지에 도움: 복잡해지고 기계화된 현대생활은 근원적인 인간의 활동 욕구를 충족시키지 못할 뿐만 아니라 극심한 스트레스를 주고 있다. 배드민턴은 달리고 치는 동작으로 이루어져 있으므로 파괴적 욕구의 해소와 정신적인 스트레스를 해소함으로써 맑고 밝은 정서를 유지할 수 있게 한다.
- 사회성 함양 도움: 네트를 가운데 두고 신체적인 접촉 없이 행해지며 매너를 중요시하는 운동이기 때문에 사회성 함양에 도움이 준다. 인원이 많이 필요하지 않으므로 가족, 직장, 학교 등의 집단 속에서 언제 어디서나 쉽게 행할 수 있어 훌륭한 인간관계의 형성에 도움이 된다.

Q. 050 ⑫

배드민턴의 운동 효과에 대하여 설명하시오.

- 체력증진에 도움이 된다. 달리기, 도약, 몸의 회전 및 굴곡과 신전으로 이루어진 전신운동으로 팔, 다리, 복근 등의 근육을 발달시킨다.
- 네트를 가운데 두고 신체적인 접촉이 없는 운동으로 신사적인 인간성 함양에 도움을 주며, 적은 인원으로 언제 어디서나 쉽게 할 수 있어 원만한 인간관계를 형성하여 사회성 함양에 도움이 된다.

Q. 051 02

배드민턴 중 발생할 수 있는 운동 상해와 예방 방법에 대하여 설명하시오.

- 엘보우: 주로 라켓스포츠를 즐기는 사람들이 반복적인 충격으로 팔꿈치 주변의 인대가 손상되거나 파열되어 발병한다. 예방법으로는 평소 팔꿈치의 무리한 운동을 삼가고 운동 전후에는 반드시 스트레칭과 얼음마사지를 해줘야 한다. 또한 팔꿈치의 반복적인 사용이 불가피한 경우에는 충분한 휴식을 취해야 한다. 그리고 테이핑을 통해 팔꿈치를 보호할 수 있다.
- 건염: 손을 머리 위로 올려 사용하는 운동종목일수록 많이 발생한다. 어깨에 무리한 하중이 불균형하게 가해졌을 때 어깨 및 팔에 염증이 생기게 된다. 이를 예방하기 위해서는 운동을 하기 전에 어깨 관절의 가동성을 확보하는 준비운동을 충분히 하고 어깨 관절을 무리하게 사용하는 운동은 피하는 것이 좋다.
- 발목염좌: 높이 뛰거나 방향을 급하게 바꿔야 하는 운동을 하는 사람들이 발목염좌에 걸릴 확률이 높다. 운동 전 스트레칭을 통해 발목근육의 긴장을 완화시켜야 한다. 그리고 테이핑을 통해 발목을 보호할 수 있다.
- 머리와 눈의 상해: 복식 경기 중 라켓을 휘두르다 동료의 머리나 눈을 다치게 하는 경우가 있다. 예방을 위해서는 적절한 기술의 습득, 파트너의 위치 파악, 부상의 위험에 직면했을 때 스트로크를 하지 않는 자세가 필요하다.

2 유소년 스포츠지도사

Q. 001 ②

유소년이 운동을 해야 하는 이유에 대하여 설명하시오.

스트레스 해소 및 운동감각의 향상과 기초체력의 향상, 그리고 성장에 도움이 되며 자존감을 높여 줄 수 있고 향후 더욱 활동적인 성향을 갖게 될 수 있다.

Q. 002 ③

유소년에게 알맞은 영양섭취 방법에 대하여 설명하시오.

- 전체 영양섭취의 55~60%는 탄수화물, 25~30%는 지방, 12~15%는 단백질로 구성한다. 유소년 선수는 특히 철분을 섭취해야 하는데, 성장을 위한 생리적 요구가 증가한 시기에 운동함으로써 철분을 소모하기 때문이다. 철 결핍성 빈혈로 진단할 때 주의를 요하는데, 운동선수들은 운동으로 인해 혈장양이 증가해 가성 빈혈을 보일 수 있기 때문이다.
- 또한 몸에 안 좋은 소다와 인스턴트식품을 멀리하고, 탄수화물을 과잉섭취하지 않게 하며, 채소와 적당량의 단백질 섭취를 권장하여 성장에 도움이 되게 한다. 유소년은 아직 성장기이기 때문에, 탄수화물이나 지방의 섭취를 제한하는 것은 옳지 않으며 아침을 거르거나 끼니를 굶지 않도록 하며, 영양소가 골고루 섭취될 수 있도록 해야 한다.

Q. 003 ②

유소년 운동 프로그램의 기본원리에 대하여 설명하시오.

- 적합성의 원리
- 방향성의 원리
- 다양성의 원리
- 안전성의 원리

Q. 004 ⑫

유소년의 체력이 저하되고 비만율이 높아지는 이유와 해결방법에 대하여 설명하시오.

식생활 습관의 변화와 운동부족으로 인해 비만율이 높아지고 있다. 해결방법으로는 소다음료와 불량식품을 멀리하게 해야 한다. 또한 몸에 필요한 영양분이 들어있는 곡물과 야채 위주의 건강한 식단을 권장하고 흥미를 유발할 수 있는 놀이 형태의 프로그램과 기술 습득을 위한 반복적인 동작을 가미하여 운동 프로그램을 구성하는 것이 좋다.

Q. 005 ⑫

유소년 운동 수행 중 수분섭취 방법에 대하여 설명하시오.

- 15~20분 간격으로 100~150ml의 수분을 섭취하는 것이 좋다.
- 갈증을 느끼기 전에 미리 수분을 섭취하는 것이 좋다.
- 갈증을 느끼기 시작했다면 이미 운동수행능력이 저하됐다고 보면 된다.

Q. 006 ⑫

유소년 스포츠지도사에 대하여 설명하시오.

유소년 스포츠지도사란 유소년(만 3세부터 중학교 취학 전까지)의 행동 양식, 신체발달 등에 대한 지식을 갖추고 해당 자격종목에 대하여 유소년을 대상으로 체육을 지도하는 사람을 말한다.

3 노인 스포츠지도사

Q. 001 ②

노인이란?

생활과정의 최종단계에 돌입하게 되면 신체적, 정신적, 사회적 측면에서 그 능력이나 적응성의 퇴화현상을 나타내고 이로 인하여 사회기능 수행에 장애를 초래하는 시기를 노년기라 하고 노년기의 사람을 노인이라 칭한다.

Q. 002 ②

노인의 영양섭취에 대하여 설명하시오.

노인들이 근력운동을 하는 경우, 일반인과 차이 없이 영양을 섭취한다. 단, 골밀도를 유지하기 위하여 충분한 칼슘을 섭취한다. 노인의 경우 많은 단백질 섭취는 간이나 신장에 부담을 줄 수 있으나 지속적인 운동을 하는 경우 일반인과 같이 단백질을 섭취한다. 노인의 영양섭취는 생리적, 사회적, 심리적 특징을 충분히 고려하여 건강 유지와 증진, 질병의 예방과 치료를 함께 고려해야 한다.

Q. 003 ③

노인의 운동량을 결정하는 요인 (FITT)에 대하여 설명하시오.

- 운동 빈도: 주3~5회
- 운동 강도: 최대 심박 수 40~60% 정도
- 운동 형태: 걷기 형태의 유산소성 운동
- 운동 시간: 15~30분 정도에서 점차적 증가

Q. 004 ②

노인의 심리적 특성에 대하여 설명하시오.

- 고독감, 스트레스, 우울증, 의존성 증가
- 소극적인 성향

Q. 005 ②

노인의 생리적 특성에 대하여 설명하시오.

- 노화현상으로 신체구조 변화와 내부기능이 변화한다.
- 세포의 노화, 방어능력 저하, 예비능력 저하, 회복능력 저하 등이 발생한다.

Q. 006 ②

노인의 신체적 특성에 대하여 4가지 이상 설명하시오.

- 체력 및 운동 기능이 둔화된다.
- 심폐 기능 및 면역 능력이 저하된다.
- 면역력이 약해지면서 주위 환경에 대한 적응 능력이 떨어진다.
- 신진대사와 신경계, 호흡계의 기능이 저하된다.
- 유연성이 낮고, 혈압이 높다.
- 지속적인 운동을 통해 신체 기능의 노화 현상을 늦출 수 있다.

Q. 007 ②

노인 운동 시 점검사항에 대하여 설명하시오.

- 질병의 유무 확인
- 운동의 효과보다 안정성을 우선으로 함
- 반드시 준비운동과 정리운동 실시
- 혈압 상승의 위험이 있는 과도한 운동은 금물

Q. 008 ③

노인체육의 효과에 대하여 설명하시오.

- 심장과 폐의 기능이 좋아짐
- 근육이완 기능 향상
- 노인성 질환 예방
- 규칙적인 운동으로 체지방 감소, 근력 향상, 우울, 불안증 예방효과
- 노년기에 급속히 진전되는 노화현상을 방지하고 진전 속도를 늦춤
- 정신적인 안정감을 가질 수 있음

Q. 009 02

노인의 낙상사고 예방법에 대하여
설명하시오.

- 낙상발생 가능성에 대하여 미리 조사하는 것이 필요하
며, 걸음걸이나 균형감각 또는 근육의 힘을 평가하여
낙상발생을 예방할 수 있는 운동프로그램을 제공한다.
- 앞이 잘 보이질 않아 발생하는 낙상을 예방하기 위하
여 안과 검진을 통해 적절한 안경을 착용한다.
- 규칙적인 운동은 근력을 강화시키며 균형 감각을 증가
시키는 것으로 알려져 있고 낙상의 위험을 17% 정도
감소시키는 것으로 보고 있다.
- 어지러움이나 두통을 일으킬 수 있는 안정제나 근육이
완제, 고혈압 약물 등에 의해 낙상이 잘 일어날 수 있으
므로 복용하고 있는 약물에 대해 의사에게 확인받는다.
- 낙상사고의 경우 골절로 이루어질 경우가 크기 때문
에, 운동 전 미리 충분한 운동과 운동 후에도 정리운동
을 꼭 하며, 보호 장비를 착용하고 지나치게 딱딱한 바
닥에서의 운동은 피한다.

Q. 010 02

노인체육의 필요성에 대하여 설명하
시오

급격하게 사회적 지위가 낮아져 소속감이 사라지고, 우울
감이 증가되는 상황인데 노인체육은 팀 또는 단체에 소속
되면서 소속감을 느끼고, 적당한 운동을 통해 심근계 질
환 예방과 스트레스를 해소할 수 있기 때문에 노년층의
체육활동의 필요성은 점점 대두되고 있다.

- 운동부족 시 나이가 들수록 지방이 축적되어 비만이
유발된다.
- 운동부족 시 신진대사과정이 원활히 작용하지 못하여
노화현상이 빠르게 진행된다.
- 노년기 운동은 심장박동의 속도와 힘을 증가시키며 신
진대사를 원활하게 한다.
- 운동을 하지 않아서 생기는 각종 사고사, 병사의 가능
성을 줄일 수 있다.
- 자연적 방어체계를 상실한 노인은 운동으로 면역체계
가 되살아난다.
- 개인적인 유대감을 형성할 기회를 준다.

• 순환기나 근육의 발달, 체중 감량, 긴장해소 등의 신체적 만족감을 준다.

Q. 011 02

노인 스포츠지도사에 대하여 설명 하시오.

노인 스포츠지도사란 노인의 신체적, 정신적 변화 등에 대한 지식을 갖추고 자격종목에 대하여 노인을 대상으로 생활체육을 지도하는 사람을 말한다.

지도능력 영역

* 지도 방법과 기술과 관련된 문항 수록

1 공통 지도능력

Q. 001 ③

생활체육 지도자의 역할에 대하여 설명하시오.

지도자는 참가자들의 친목 도모와 체력 증진, 여가시간을 최대한 활용해서 스트레스 해소와 즐거움을 추구하는 데 도움을 주는 역할을 해야 한다. 또한 전문적인 능력을 참가자에게 전달해주어야 한다.

보충

생활체육 지도자의 역할
- 생활체육활동 목표의 설정
- 효율적인 지도 기법의 개발
- 생활체육 지도자 간의 인간관계 유지
- 생활체육 프로그램 개발
- 생활체육 재정의 관리
- 생활체육 활동용 기구의 효율적 운용
- 생활체육에 대한 연구 활동
- 지역사회와의 유대관계 형성 및 강화
- 안전사고 예방 및 시설관리
- 활동 내용의 기록 및 문서 관리

Q. 002 ③

생활체육 지도자의 기능 5가지에 대하여 설명하시오.

- 지도활동을 통한 동료의식 및 응집성 강화
- 개인 및 집단의 목표를 확인하여 제시
- 목표달성을 위한 방법 및 절차를 개발하여 제시
- 참가자의 동기를 유발
- 생활체육활동을 조직
- 생활체육활동 달성도 등 평가
- 생활체육 참가자의 성취도를 제고
- 생활체육활동 집단을 대표

Q. 003 ②

생활체육 지도자의 자질에 대하여 설명하시오.

- 의사전달 능력 필요
- 투철한 사명감
- 활달하고 강인한 성격
- 도덕적 품성
- 칭찬의 미덕
- 공정성
- 전문적인 지식

Q. 004 ③

생활체육 지도자의 필요성에 대하여 설명하시오.

다양하고 전문적인 생활체육 참여자의 요구에 부합하고 생활체육시설의 활용가치를 높일 뿐만 아니라 국민의 건강과 안전을 보다 효율적으로 확보하기 위해 생활체육 스포츠지도자의 필요성이 매우 크다고 생각합니다.

Q. 005 ③

생활체육의 지도 원리에 대하여 설명하시오.

- 철학적 기초에 의거해 지도한다.
- 참가자의 개인차를 고려하여 지도한다.
- 정확한 체육관련 정보를 제공한다.
- 보다 체계적, 과학적 프로그램을 제공한다.
- 참가자 간의 협동 및 경쟁을 통해 역동적 상호관계를 유지토록 한다.

Q. 006 ⑬

생활체육 프로그램의 기획 과정에 대하여 설명하시오.

프로그램의 철학과 목적 이해 → 욕구조사 → 목표설정 → 계획수립 → 실행 → 평가

보충

생활체육 프로그램의 기획 시 고려사항
- 평등성: 모든 사람이 참여할 수 있도록 함
- 창조성: 창조적인 체육활동 도모
- 다양성: 일률적 방법이 아닌 다양한 프로그램 개발 및 제공
- 욕구 반영: 개인적, 사회적 욕구 반영
- 효율성: 체육관련 시설을 효율적으로 이용할 수 있도록 계획 필요
- 전문성: 일정자격을 갖춘 전문가에 의해 개발ㆍ운영ㆍ평가되어야 함
- 홍보: 프로그램의 효과적인 전달을 위해 적절한 대중매체 및 홍보수단 강구 필요
- 평가: 지속적, 규칙적으로 평가하여 피드백 자료 축적 필요
- 보안: 프로그램을 발전시키고 그 가치를 제고하도록 노력해야 함

Q. 007 ⑫

'클리어'에 대하여 설명하시오.

셔틀콕이 상대의 백 바운더리 라인 가까이까지 높고 빠르게 포물선을 그리는 것 같은 플라이트로써 다음의 두 가지가 있다.
- 하이 클리어: 셔틀콕이 높게 올라가서 백 바운더리 라인에 거의 수직으로 낙하하는 듯한 플라이트. 공격 및 수비의 기초가 되는 스트로크이다. 임팩트 시 주의사항은 오른팔을 머리 위 가장 높은 위치까지 뻗어주면서 머리보다 약간 뒷쪽에서 타구해야 하며, 이때 신체의 뒷부분에 몰려 있던 체중을 신체 앞부분으로 신속히 이동해줘야 한다.
- 드리븐 클리어: 상대의 라켓이 적당히 닿지 않을 정도의 높이로, 빠른 스피드를 가지고 코트의 안쪽 깊숙이 낙하하는 플라이트. 강한 손목 스냅을 이용해 빠른 스

피드로 낮게 날려 보내는 스트로크이다. 임팩트 위치를 하이 클리어보다 더 앞에서 잡아줘야 하며 어깨나 팔로 밀어치는 것보다는 빠르고 강한 손목 스냅을 이용해 셔틀콕을 날려 보내야 한다.

Q. 008 ②

클리어의 종류에 대하여 설명하시오.

- 하이 클리어(수비형): 보다 높이, 보다 멀리 상대 엔드라인 깊숙이 보내는 타법으로 자신의 시간적 여유를 벌기 위한, 우리 팀의 전열 재정비를 위해 하는 수비형 스트로크이다.
- 드리븐 클리어(공격형): 하이 클리어보다는 낮고 빠르게 상대의 라켓이 닿지 않을 만큼의 높이로 빠르게 보내는 타법으로 보다 공격적인 스트로크이다.
- 언더(리프트) 클리어(수비형): 네트로 살짝 넘어오는 셔틀콕을 다시 상대 진영 엔드라인까지 높고 길게 걸어 올리는 스트로크이다.

Q. 009 ③

클리어 지도방법에 대하여 설명하시오.

높고 긴 하이 클리어와 빠르고 낮은 드리븐 클리어를 병행하는 연습을 해야 한다. 손목 힘으로 클리어가 원활하게 조절될 수 있도록 연습한다. 항상 부지런히 움직이면서 연습하며, 타구 수를 세면서 연습한다.

Q. 010 ③

하이클리어 지도방법에 대하여 설명하시오.

- 오른발을 뒤쪽으로 옮기면서 체중을 오른발에 둔다.
- 상체는 가볍게 뒤로 젖히고 오른쪽 팔꿈치와 어깨를 뒤쪽으로 당기며 왼쪽 어깨는 네트 방향으로 향하게 한다.
- 왼손은 날아오는 셔틀콕의 방향을 가리키고, 오른손은 등 뒤로 한다.
- 중심을 이동하면서 가능한 높은 위치에서 타점을 맞추고, 손목의 스냅을 이용하여 타구한다.
- 타점의 위치는 머리보다 약간 뒤쪽에서 이루어지도록 한다.

Q. 011 02

경기 중 백핸드 클리어를 사용하는 이유에 대하여 설명하시오.

백핸드 클리어는 중립 또는 방어 상황에 있을 때 주로 사용하며 수비 형태의 스트로크를 하는 것이 일반적이다. 자세를 정비하기 위한 충분한 시간을 갖기 위한 것이라고 볼 수 있다.

Q. 012 03

백핸드 클리어 지도방법에 대하여 설명하시오.

- 사이드 스텝을 이용하여 뒤쪽으로 두 번 스텝을 내딛는다.
- 오른발을 크게 내딛으며 상체를 왼쪽으로 돌린다. 이때 오른쪽 팔꿈치를 왼발 가까이에 가져간다. 특히 팔꿈치를 높게 유지하여야 한다.
- 오른발에 체중을 싣고 스윙을 하고 라켓 헤드는 아래에서 위쪽으로 휘두른다.
- 라켓을 수직으로 세운 상태에서 임팩트 하는 것이 가장 좋고 임팩트 하는 순간 손목만 짧고 빠르게 움직여 스윙한다. 스윙을 한 후 다시 원위치로 돌아와 준비 자세를 취한다.

Q. 013 02

'포핸드 언더클리어' 지도방법에 대하여 설명하시오.

- 라켓은 가능한 자신의 상체 앞에서 스윙이 이루어지도록 해야 한다. 왼쪽 팔도 자연스럽게 옆으로 뻗어 몸의 중심을 잡아준다.
- 스윙은 손목 힘을 이용하여 원하는 방향으로 타구한다. 임팩트 순간에 가장 중요한 손목의 힘 조절에 유의한다.
- 셔틀콕을 타구 후 다음 동작으로 자연스럽게 연결하기 위해 라켓은 반대 방향의 어깨 쪽으로 올라오게 한다.

Q. 014 03

경기 중 포핸드 클리어를 사용하는 이유에 대하여 설명하시오.

클리어는 상대방을 앤드라인 가까이 움직이게 하여 포코트(네트 앞쪽)에 공간을 만든다. 공격적인 클리어는 빠른 스피드와 적절한 높낮이로 조정해서 상대방의 중심을 무너뜨리거나 상배방의 리턴이 약하게 들어오게 한다. 방어적인 클리어는 스트로크를 천천히 하고 높고 길게 앤드라인까지 날아갈 수 있도록 하면서 시간적 여유를 가질 수 있도록 수비 형태의 샷을 하는 것이 일반적이다. 준비동작으로 기본 그립을 사용하며 라켓을 오버헤드 준비 위치에 두며 앞쪽 팔은 날아오는 셔틀 방향을 가리킨다.

Q. 015 ②
'백핸드 언더클리어' 지도방법에 대하여 설명하시오.

- 라켓은 백핸드그립으로 잡고, 스윙 시작점은 무릎정도의 높이에서 자신의 눈높이까지 일직선으로 이루어져야 한다.
- 굽혀져 있던 팔꿈치를 앞으로 곧게 뻗으면서 손목의 힘과 같이 순간적으로 타구해야 한다.
- 셔틀콕을 타구한 후 라켓은 팔과 일직선으로 뻗어져 있어야 하고 이때 라켓 면은 타구한 면과 손등이 위로 향해서 있어야 한다.

Q. 016 ②
셔틀콕에 편차가 있는 이유에 대하여 설명하시오.

편차는 무게의 차이를 말하는 것이고, 편차가 있는 이유는 온도와 습도 등의 이유로 스피드를 조정해야 하기 때문이다.

Q. 017 ③
'스매시'에 대하여 설명하시오.

높은 위치에서 대단한 스피드로 상대의 코트 면에 예각적으로 일직선으로 셔틀콕이 돌진하는 듯한 플라이트를 말한다.

- 풀 스매시: 클리어나 드롭샷과 마찬가지로 스윙 자세는 비슷하나 속도를 높이기 위해 팔의 움직임을 크게 한다. 타점은 클리어보다 약간 앞에다 두고 임팩트 순간에 밑으로 내리꽂는다는 기분으로 손목을 이용하여 강하게 내려치는 스트로크이다.
- 하프 스매시: 게임 운영 시 체력이 많이 소모된 상태에서 상대에게 공격권을 주지 말아야 할 때나 상대동작의 리듬을 빼앗을 때 주로 하는 타법으로 상태의 셔틀

콕이 엔드라인 근방으로 올라왔을 때 하프 스매시를 이용하여 풀 스매시의 찬스를 잡기위해 하는 스매시이다. 풀 스매시의 60~70%의 힘으로 임팩트 순간에 빠르고 짧게 끊어 친다.
- 점프 스매시: 일반적으로 남자 선수들이 주로 공격적인 스트로크를 구사하기 위하여 사용되며 점프의 형태에 따라 한발 점프와 모둠발 점프로 구분된다.

보충

한발 점프 · 모둠발 점프
- 한발 점프: 코트 후위로 낮게 날아오는 볼에 대하여 뒤로 백 스텝을 밟으며 하는 점프 스트로크로 오른발에 중심을 두고 한발로 뒤로 점프하며 스윙을 하게 된다.
- 모둠발 점프: 높게 떠오르는 볼에 대하여 최대한 높게 점프하여 강하면서도 상대의 진영에 짧고 빠르게 볼을 떨어뜨리기 위하여 주로 남자 선수들이 사용하는 공격적 형태의 스트로크이다.

Q. 018 ②

'드롭'에 대하여 설명하시오.

- 네트에서 어느 정도 떨어진 위치에서 친 셔틀콕이 네트를 넘는 것과 동시에 스피드를 떨어뜨려서 네트를 따라 상대의 코트에 낙하하는 듯한 플라이트를 말한다.
- 오버 헤드 스트로크의 한 종류로써 자신의 코트 후위에서 상대편 코트 전위로 짧게 떨어뜨리는 스트로크이다. 셔틀콕을 상대편 코트 전위에 짧게 떨어뜨림으로써 상대편을 네트 앞으로 끌어들인 후 다시 리턴되는 로빙 볼을 강한 스매시로 공격하여 득점할 수 있는 계기를 만드는 스트로크이다.

Q. 019 ②

'드라이브'에 대하여 설명하시오.

- 셔틀콕이 네트 위 가장자리의 닿을 듯 말듯 한 높이가 되도록 코트 면에 평행으로 상당한 스피드로 나는 것 같은 플라이트이다. 상대편 양 방향 후위 측면 또는 상대편의 몸쪽, 그리고 좌우측으로 위치해 있는 상대편 두 사람 사이를 향해 빠른 스피드로 타구해 줌으로써 득점 또는 득점의 기회를 잡을 수 있는 공격적인 스트로크이다.
- 드라이브 스윙은 오버헤드 스윙과는 약간의 차이가 있는 세 동작으로 구분하여 '준비동작 → 백스윙, 임팩트 → 팔로 스로우' 순으로 이어지게 된다. 백스윙이 워낙 짧고 빠르게 이루어지기 때문에 백스윙과 임팩트가 거의 동시에 이루어진다.

Q. 020 ②

'헤어핀'에 대하여 설명하시오.

배드민턴 네트 플레이의 기본이 되는 스트로크 중의 하나이다. 네트 가장자리에 떨어지는 셔틀콕을 거꾸로 네트를 넘어 상대방 코트에 수직으로 떨어지게 하여 상대 선수를 최대한 네트 앞으로 다가오게 하는 기술이다. 셔틀콕을 네트 상단에서 잡아주는 것을 원칙으로 한다. 이때 팔 전체적으로 힘을 빼주면서 되도록 팔을 곧게 뻗어 상체로부터 멀리 떨어진 곳에서 셔틀콕을 잡아준다. 임팩트 시 손목에 힘을 가해서 라켓 면으로 셔틀콕을 튕겨주면 안 된다. 헤어핀은 상당히 민감한 힘에도 엄청난 반응을 보이므로 헤어핀에서 손목이나 팔 그리고 손가락의 힘 조절은 생명이라고 할 수 있다.

Q. 021 ②
'푸시'에 대하여 설명하시오.

네트 상단으로 넘어오는 셔틀콕을 빠르고 강하게 상대 코트의 빈 곳에 밀어 넣는 타구로, 단식 경기보다는 복식 경기에서 많이 사용하는 기술이다. 네트 앞쪽에서 셔틀콕이 높이 날아 올라왔을 때 상태코트에 낙하하도록 타구하는 기술이다. 상대의 헤어핀이 높이 떠서 오거나 상대의 드롭샷이 네트 위로 높게 올 때 순간적으로 포착하여 앞으로 나아가면서 처리해야 하므로 라켓이 네트에 닿지 않도록 주의해야 하며, 짧게 끊어서 치고, 타구 후에는 빨리 준비 자세를 취하도록 한다.

Q. 022 ②
'언더핸드 스트로크'에 대하여 설명하시오.

허리보다 낮은 위치로 날아오는 셔틀콕을 네트 위쪽 방향으로 치는 방법이다. 수비적인 스트로크이지만, 셔틀콕의 비행 거리와 좌우 각도를 다양하게 변화시킬 수 있어 공격적인 스트로크로도 활용할 수 있다. 스윙은 네트 중간 또는 네트 아래에서 이루어지며, 포핸드 스트로크 시에는 백스윙 과정에서 라켓 면이 돌아가지 않도록 주의한다. '준비동작 → 백스윙 → 임팩트 → 팔로 스로우' 순으로 이어지게 된다.

Q. 023 ③
'풋 워크'에 대하여 설명하시오.

셔틀콕이 날아오는 지점을 예측하여, 경쾌한 발 이동이 되도록 빨리, 정확한 스트로크를 하기에 가장 좋은 위치에 도달하고, 밸런스가 이루어진 안정된 자세로 준비하여, 타구 후에는 되도록 빨리 홈 포지션으로 가는 동작이다.

- 러닝스텝: 보통 러닝하듯이 오른발, 왼발, 오른발을 차례대로 자연스럽게 옮기며 뛰는 방법
- 슬라이딩 스텝: 오른쪽 발을 앞으로 내딛고 왼발은 오른발 뒤에 자연스럽게 따라 붙으면서 앞으로 이동해 주는 방법
- 홉스텝: 한쪽 발로만 연속적으로 가볍게 뛰며 이동하는 방법
- 피봇: 한쪽의 앞발 끝을 축으로 해서 상체를 좌우로 회전하는 동작. 몸의 방향을 바꾸는 동작. 실제 게임에서는 이런 스텝들을 단독으로 하거나 아니면 두 개 이상을 혼합함

Q. 024 ③

'스매시'의 지도방법에 대하여 설명하시오.

- 네트를 향하여 측면으로 서고, 중심을 오른발로 이동한다.
- 오른쪽 팔꿈치와 어깨를 뒤로 당기고 라켓은 등 뒤로 한다.
- 허리, 팔, 손목 스냅의 힘을 이용하여 높은 위치에서 임팩트한다.
- 팔로 스로우는 가능한 짧게 하고, 준비자세로 빨리 돌아온다.
- 스매시 동작 시 팔꿈치는 충분히 펴도록 한다.
- 손목의 스냅을 이용하도록 연습한다.
- 타점의 위치가 머리보다 앞쪽에 위치할 수 있도록 연습한다.

Q. 025 ②

'드롭'의 지도방법에 대하여 설명하시오.

- 오른발과 오른팔을 뒤로 당기고 체중을 오른발에 둔다.
- 중심을 오른발에서 왼발로 옮기면서 스윙 시 최대한 힘을 뺀다.
- 드롭은 셔틀콕을 만지듯이 가볍게 친다.
- 커트는 셔틀콕을 깎아 내듯 비껴 친다.
- 스매시나 클리어 동작과 가능한 비슷한 동작으로 수행한다.

Q. 026 ②

'푸시'의 지도방법에 대하여 설명하시오.

- 한발을 앞으로 크게 내딛고, 라켓을 머리 위로 한다.
- 백스윙은 짧게 한다.
- 손목의 스냅을 약간 주어 끊어 치듯이 타구한다.
- 푸시의 타점이 네트보다 낮지 않게 한다.
- 푸시를 목표지점으로 빠르고 정확하게 실시한다.

Q. 027 ②

'포핸드 드라이브'의 지도방법에 대하여 설명하시오.

- 오른발을 약간 앞쪽으로 내디디며, 라켓을 어깨에 메듯이 들어올린다.
- 백스윙은 가능한 한 짧게 한다.
- 팔꿈치로 리드하면서 높은 위치에서 끊어 치듯이 임팩트 한다.
- 팔로 스로우는 가능한 짧게 한다.

Q. 028 ②

'백핸드 드라이브'의 지도방법에 대하여 설명하시오.

- 오른팔과 어깨를 왼쪽 뒤로 약간 돌린다.
- 백스윙은 가능한 짧게 하고, 스탠스는 크게 취한다.
- 타점은 몸의 앞쪽에서 손목의 스냅을 이용하여 끊어 친다.
- 팔로 스로우는 짧게 한다.

Q. 029 ③

헤어핀 지도방법에 대하여 설명하시오.

손목이 아닌 손가락 끝을 이용한 그립법과 셔틀 컨트롤 능력을 향상시킨다. 포핸드, 백핸드를 함께 연습하고 네트 가까이에 떨어지게 하는 샷과 스핀을 이용한 샷을 함께 연습한다.

Q. 030 ⓸

'포핸드 헤어핀'의 지도방법에 대하여 설명하시오.

- 라켓을 세워 잡고 앞으로 이동하며, 오른발과 오른팔을 셔틀 쪽으로 뻗는다.
- 팔꿈치와 손목의 힘을 빼고 라켓을 셔틀 아래로 밀어 넣듯이 가볍게 친다.
- 다음 동작으로 전환할 수 있도록 완벽한 풋워크가 이루어져야 한다.

Q. 031 ⓸

'백핸드 헤어핀'의 지도방법에 대하여 설명하시오.

- 오른발을 왼쪽, 즉 셔틀콕이 낙하하는 방향으로 내딛고 몸을 왼쪽으로 돌린다.
- 오른쪽 팔꿈치를 구부려서 라켓을 몸의 왼쪽으로 당겼다가 뻗는다.
- 체중이 오른발에 걸리게 라켓을 들어올린다는 기분으로 임팩트한다.
- 다음 동작의 연결을 위한 정확한 풋워크가 이루어져야 한다.

Q. 032 ⓸

'포핸드 롱서비스'의 지도방법에 대하여 설명하시오.

- 오른발을 뒤로 하고 왼발을 한발 앞에 내밀고 네트를 향하여 측면으로 선다.
- 오른발에서 왼발로 몸의 체중을 옮기면서 중심이 이동하는 힘의 반동을 이용하여 셔틀콕이 높고 멀리 가도록 타구한다.
- 롱 서브 엔드라인의 바로 앞에서 높이 오른 셔틀콕이 수직으로 내려올 수 있게 손목을 이용하여 셔틀콕을 치고 난 뒤 기본자세를 유지한다.

Q. 033 ②

'포핸드 숏서비스'의 지도방법에 대하여 설명하시오.

- 라켓을 가능한 짧게 잡는 것이 좋다.
- 네트를 향하여 측면으로 왼발을 앞으로 오른발을 뒤로 두고 체중을 앞에 있는 발로 옮기면서 가볍게 밀어내듯이 친다.
- 셔틀콕이 네트를 스치듯 넘겨 상대방의 푸시 공격을 당하지 않게 한다.

Q. 034 ②

'백핸드 서비스'의 지도방법에 대하여 설명하시오.

- 오른발을 앞으로, 왼발을 뒤로 해서 숏서비스 라인과 센터라인 근처에 위치하고 중심은 오른발에 둔다.
- 오른발은 가볍게 굽히고, 라켓은 몸 앞에 두고 셔틀콕은 라켓 앞에 두고 가볍게 친다. 팔꿈치를 중심으로 손목의 스냅, 즉 엄지손가락을 받친 힘을 이용하여 서브한다.

Q. 035 ②

'드롭샷'의 지도방법에 대하여 설명하시오.

- 한 방향에서 직선과 대각선으로 드롭샷을 구사할 수 있도록 한다.
- 상대의 타이밍을 뺏을 수 있는 모션 동작을 익히게 한다.
- 포물선을 그리며 상대방 코트 네트 앞에 가까이 떨어지는 드롭샷과 빠른 스피드로 날아가는 드롭샷을 함께 연습하게 한다.
- 드롭샷을 하고 난 다음 네트 앞쪽을 먼저 경계하기 위해 중심을 네트 앞쪽으로 가져가게 한다.
- 손은 날아오는 셔틀콕의 방향을 가리키고, 셔틀콕을 타구하는 위치는 머리보다 약간 뒤쪽에 두게 한다.

Q. 036 ①

'하이딥 서브'에 대하여 설명하시오.

셔틀콕을 상대방 코트의 백 바운더리 라인 가까이 높고 멀리 쳐내는 서브로 주로 단식에서 많이 사용한다.

Q. 037 02
'위프'란 무엇인지 설명하시오.

코트 중간 또는 전방의 네트 최상단 근처에서 코트 후방으로 빠르게 상승하도록 치는 타법이다. 상대 선수를 급하게 코트 후방으로 몰아내어 정확한 자세로 공격을 하지 못하게 하고 셔틀콕을 올리게 하는 목적이 있다.

Q. 038 01
'네트 샷'이란 무엇인지 설명하시오.

셔틀콕을 네트의 바로 앞에서 쳐, 네트를 넘으면 곧바로 떨어질 수 있는 샷이다. 헤어핀 또는 네트 플라이트라고도 한다.

Q. 039 02
'리액션 스텝'이란 무엇인지 설명하시오.

어떤 방향으로 이동하려고 할 때 순간적으로 힘을 축적하기 위해 그 반대쪽 방향의 발에 약간의 체중을 실어 작은 스텝을 먼저 밟는 것을 말한다.

Q. 040 02
'풋폴트'란 무엇인지 설명하시오.

• 서비스 시 서버와 리시버가 라인을 밟고 있을 때
• 서버가 어느 한 발이라도 코트 표면과 떨어져 있을 때
• 서브권자가 서비스를 하기 전에 상대가 미리 움직일 때

Q. 041 ③
'서비스 폴트'에 대하여 설명하시오.

- 핸드 오버(hand over): 서비스를 넣는 순간 라켓의 헤드가 손목과 비슷하거나 높으면 폴트이다. 서비스로 공격이 가능하기 때문에 반드시 라켓의 헤드가 손목보다 낮게 아래쪽으로 향해야 한다.
- 풋 폴트(foot fault): 서비스를 넣는 사람은 두 발 중 어느 발이라도 라인을 밟거나 한쪽 발을 들거나 끌어서는 안 된다. 단, 두발을 까치발로 서비스하는 것은 상관없다.
- 이중 동작(double motion): 서비스를 넣기 위하여 라켓을 뒤로 빼는 순간을 서브의 준비가 개시된 시점으로 보기 때문에 라켓을 급선회하여 방향을 속이거나, 두 팔을 동시에 움직이는 행위, 또는 뒤로 뺀 라켓을 정지하는 행위 등도 이중 동작으로 간주되어 서비스 폴트에 해당한다.
- 베이스 오버(base over), 셔틀 베이스(shuttle base): 서비스를 넣는 순간 타구할 때 셔틀콕의 아래 부분(코르크)을 맞혀야 한다. 셔틀콕을 옆으로 해서 날개와 콕 하단부가 동시에 맞거나 깃털부에 맞아서 구질이 변경되면 폴트에 해당한다.
- 웨이스트 오버(waist over): 서비스하는 순간 타점이 서버의 배꼽보다 위에서(지면에서 115cm) 맞을 경우 폴트에 해당한다. 이 경우 서비스가 푸시 공격이 가능하기 때문에 배꼽은 옆구리 늑골 마지막 뼈 또는 팔꿈치를 옆구리에 대고 연장선에 기준을 두면 된다.

Q. 042 ②
서버의 서비스 폴트(Fault) 종류에 대하여 2가지 이상 설명하시오.

- 서버의 두 발은 코트의 경계선을 밟지 않아야 하며 서비스가 이루어질 때까지 고정되어 있어야 한다.
- 서버의 라켓은 셔틀의 베이스를 치는 것으로부터 시작한다.
- 셔틀을 치는 순간 셔틀의 전체가 지면에서 115cm 밑에 있어야 한다.
- 서버의 라켓 움직임은 서비스의 시작에서부터 서비스가 넘어갈 때까지 앞으로 향하는 움직임이 계속되어야 한다.
- 서비스를 할 때 셔틀을 헛치면 폴트 판정을 받는다.

Q. 043 ②

'톱 앤 백 포메이션'에 대하여 설명하시오.

공격형 포메이션으로 센터라인 위치에서 앞과 뒤로 위치해 있는 포메이션을 말한다. 한 사람이 숏 서비스라인 부근에서 전방을 책임지고 방어하고, 다른 한 사람은 후방 백 바운더리 라인까지의 구역을 책임지고 방어하는 방법이다.

Q. 044 ②

'인 앤 아웃형'에 대하여 설명하시오.

사이드 바이 사이드 형과 톱 앤 백형을 혼합하여 번갈아 가며 사용하는 방법을 말한다. 숙련된 플레이어가 서비스 할 때는 톱 앤 백형으로 플레이하고, 그대로 방어할 때까지 유지한다.

Q. 045 ②

'사이드 바이 사이드형'에 대하여 설명하시오.

수비형 포메이션으로 센터라인을 기준으로 코트를 좌우로 2등분하여 한 사람이 우측 하프코트, 또 한 사람은 좌측 하프코트의 구역을 책임지고 방어하는 방법이다.

Q. 046 ②

'다이애거너 형'에 대하여 설명하시오.

혼합복식형 포메이션으로 코트를 대각선으로 나누어 한 쪽씩 맡아서 방어하는 방법이다.
상대편 남자선수와 자신의 여자파트너가 대각선 선상에 설 수 있도록 하는 포메이션이다.

Q. 047 ②

'서브'의 종류에 대하여 설명하시오.

셔틀콕을 상대방 코트의 백 바운더리 라인 가까이 높고 멀리 쳐내는 서브로 주로 단식에서 많이 사용한다.

Q. O48 ③

'그립'의 종류에 대하여 설명하시오.

- 이스턴 그립: 라켓 면을 세운 상태로 그립을 악수하듯이 잡는 방법이다.
- 웨스턴 그립: 라켓 면이 바닥을 보는 상태로 그립을 잡는 방법이다.
- 백핸드 그립: 8각면이 손잡이에서 넓은 면에 엄지를 대고 검지를 당겨 주어 잡는 방법이다.

보충

보통 초보자는 웨스턴 그립으로 많이 사용하지만, 이 그립 방법은 백핸드로의 전환이 느리고, 손목 사용이 부적절하기 때문에 이스턴 그립으로 잡고 사용해야 나중에 많은 기술적 노하우를 습득할 수 있다.

Q. O49 ②

기본자세의 지도 요령에 대하여 설명하시오.

- 양 발은 어깨 너비 정도로 벌린다.
- 신체의 중심을 낮추기 위해 무릎을 약간 구부린다.
- 빠른 움직임을 위해 발 앞쪽에 체중이 실리도록 하며, 발뒤꿈치는 바닥에 닿지 않도록 한다.
- 라켓은 가볍게 쥐고, 손목은 리스트 콕을 유지한다.
- 상대로부터 시선을 떼지 않는다.
- 라켓을 든 팔과 반대쪽 팔을 가슴 앞쪽으로 들어 삼각형 구도를 만들어 주어야 한다.

Q. O50 ②

자격증을 취득하려는 이유에 대하여 설명하시오.

생활스포츠로 오랜 배드민턴 경력과 배드민턴에 대한 열정이 있고 생활체육으로 배드민턴에 대해 열심히 공부할 각오와 노력이 있습니다. 제가 알고 배워온 기술 및 방법으로 다른 동호인도 쉽게 배드민턴을 즐길 수 있도록 지도하고 싶습니다.

Q. 051 02

지도자로서 자신의 장점을 설명하시오.

생활스포츠로 오랜 배드민턴 경력과 배드민턴에 대한 열정이 있습니다. 왕초시절부터 지금의 지도자가 되기 위해 여러 코치님들의 지도를 받았고 그 열정을 보고 배웠습니다. 그 누구보다 하고자 하는 신념이 투철하고 동호인의 심정을 잘 이해할 수 있다고 생각합니다. "하면 된다."라는 저의 좌우명처럼 열심히 성실히 하면 된다고 생각합니다. 저의 장점은 포기하지 않고 열심히 하는 것입니다.

Q. 052 02

운동 진행 시 선수들 끼리 분쟁이 생겼을 때 어떻게 할 것인지 설명하시오.

이런 경우는 동호인 게임에서도 흔히 발생하는 일입니다. 우선 경기를 중단시킨 후 서로의 이야기를 다 들어보고(누구의 편도 들지 않고) 절충점을 찾되 양측의 이해의 폭이 좁혀지지 않을 경우, 무효선언(노플레이)을 하겠습니다.

Q. 053 03

지도받는 회원이 정해진 시간 외에 연습시간을 더 달라고 한다면 어떻게 할 것인지 설명하시오.

지도받는 다른 회원들에게 방해가 되지 않는 한도 내에서 더 가르쳐 주고 연습할 수 있도록 지도해 드리도록 하겠습니다. 계속해서 요구할 경우, 교정해야 할 단점 등을 설명하고 개인연습을 할 수 있도록 안내하겠습니다. 인터넷 동영상 등 참고할만한 양질의 자료가 있다면 활용할 수 있도록 공유하겠습니다.

Q. 054 03

공격의 중요성에 대하여 설명하시오.

배드민턴은 점수를 얻는 경기이기 때문에 점수를 얻기 위해서는 수비보다는 공격적인 경기운영 방식이 유리하다. 아무리 수비력이 뛰어난 선수라도 공격력이 없으면 득점하기가 어렵다. 그렇기 때문에 강하고 끈질긴 공격력이 승패를 좌우한다고 할 수 있다.

Q. 055 ③

공격과 수비가 적절하게 이루어져야 하는 이유에 대하여 설명하시오.

배드민턴은 점수를 얻는 경기로써 점수를 얻기 위해서는 수비보다는 공격적인 경기운영방식이 유리합니다. 공격함으로써 얻는 1점도 중요하지만 수비를 못함으로써 잃는 1점도 중요하므로 공격과 수비가 적절하게 이루어져야 한다고 생각합니다.

Q. 056 ③

복식 경기에서 서비스의 중요성에 대하여 설명하시오.

복식 경기에서 서비스는 전체 경기 득점의 30%를 차지할 만큼 중요하다. 서비스가 실수 없이 매끄럽게 잘 들어갈 때 경기 흐름의 주도권을 잡을 수 있다. 자기 파트너가 어느 정도 예측할 수 있도록 서비스 코스를 잘 설정해야 득점할 수 있는 기회를 만들어 낼 수 있다.

Q. 057 ②

백핸드 리시브가 수비에서 중요한 이유를 설명하시오.

수비에 있어서 백핸드 리시브는 포핸드 리시브보다 수비 범위가 넓고, 상대로부터 빠르게 날아오는 셔틀을 처리하는 데 손목 스냅을 무리 없이 쉽고 빠르게 이용할 수 있는 장점이 있기 때문에 중요하다.

Q. 058 ③

서브 리시브(serve receive)의 중요성에 대하여 설명하시오.

서브 리시브는 랠리를 유리하게 이끌기 위한 첫 샷이므로 공격적인 리시브가 필요하며, 랠리의 승패가 좌우되는 샷이다. 그렇기 때문에 때로는 과감하면서도 다양한 서브리턴이 필요하다. 서브리턴은 가장 쉽게 득점 또는 실점할 수 있는 중요한 기술로, 정교하게 들어오는 서브는 안전한 서브리턴이 필요하다.

Q. 059 ②

공격에 대한 지도를 할 때 스윙 동작을 짧고 빠르게 해야 하는 이유를 설명하시오.

공격에서의 큰 스윙은 자신의 타구 방향을 상대에게 노출시킨다. 또한 타구 후 자신의 움직임마저 둔하게 해 다음 동작으로 빠르게 연결하는 데 지장을 준다.

Q. 060 02
이중동작(모션)에 대하여 설명하시오.

상대방을 속이기 위한 페인팅 모션 또는 상대방을 속이기 위한 동작이다.

Q. 061 03
올바른 서비스에 대해서 설명하시오.

- 서버와 리시버는 양편 서비스 코트 안에 대각선으로 서야 한다.
- 서버가 라켓으로 셔틀을 치는 순간 셔틀 전체가 코트 바닥에서 높이 1.15m보다 아래에 위치해야 한다.
- 서브는 리시버의 유효한 코트 라인 안에 떨어져야 한다.

Q. 062 03
좋은 서비스 지도법에 대하여 설명하시오.

- 서브란 배드민턴 경기에서 가장 처음에 시작하는 기술이다. 서브 없이는 경기를 진행할 수 없으므로 배드민턴 경기에서 가장 중요한 기술 중 하나이다.
- 배드민턴의 득점방식은 랠리포인트제이다. 경기를 할 때 서브를 잘 넣지 못하면 쉽게 상대에게 점수를 내어 줄 수 있기 때문에 많은 연습이 필요하다.
- 리시버가 서브를 미리 예측할 수 없도록 똑같은 스윙으로 숏 서브와 롱 서브가 이루어질 수 있도록 지도하며 적절한 비율을 지킬 수 있도록 한다.

㉠ 포핸드 서비스 지도방법
- 라켓을 가능한 짧게 잡는 것이 좋다.
- 네트를 향하여 측면으로 왼발을 앞으로, 오른발을 뒤로 두고 체중을 앞에 있는 발로 옮기면서 가볍게 밀어내듯이 친다.
- 셔틀콕이 네트를 스치듯 넘겨 상대방의 푸시 공격을 당하지 않게 한다.

㉡ 백핸드 서비스 지도방법
- 오른발을 앞으로, 왼발을 뒤로 해서 숏서비스 라인과 센터 라인 근처에 위치하고 중심은 오른발에 둔다.
- 오른발은 가볍게 굽히고, 라켓은 몸 앞에 두고 셔틀콕은 라켓 앞에 두고 가볍게 친다. 팔꿈치를 중심으로 손목의 스냅, 즉 엄지손가락을 받친 힘을 이용하여 서브한다.

Q. 063 ②

본인이 레슨 중 주위에 다른 사람들이 이런저런 지도간섭을 할 때 대처방안에 대하여 설명하시오.

배드민턴 경기는 한 가지 기술에도 성별, 나이, 신체적 특성에 따라 여러 가지 교습방법이 있으므로 여러 사람의 의견에 따르기보다 그 기준에 따라 적합한 방법으로 교습하도록 하겠습니다.

Q. 064 ②

'스매시'를 잘할 수 있는 방법에 대하여 설명하시오.

- 스쿼시 라켓 등으로 보조 운동을 하면 스매시를 좀 더 강하게 할 수 있다.
- 헌볼 연습도 도움이 될 수 있다. 스매시는 무엇보다 타이밍과 타구 위치가 중요하다.
- 준비동작에서는 몸에 힘을 빼고 그립은 가볍게 쥐고, 임팩트가 이루어지는 순간 허리, 어깨, 손목 그리고 그립을 쥐고 있는 손가락 끝까지 한꺼번에 힘이 전달되도록 한다.

Q. 065 02

'푸시'에 대하여 설명하시오.

네트 상단으로 넘어오는 셔틀을 빠르고 강하게 내려치듯이 스냅을 이용하여 끊어 치는 타법이다.

Q. 066 03

'포메이션'의 종류에 대하여 설명하시오.

- 톱 앤 백 형: 센터라인 위치에서 앞과 뒤에 위치해 있는 시스템. 공격형 포메이션
- 사이드 바이 사이드 형: 센터라인을 기준으로 양쪽으로 벌려져 홈 포지션에 위치해 있는 시스템. 수비형 포메이션
- 다이애거널 형: 코트를 대각선으로 2등분하여 절반씩 맡아 위치해 있는 시스템. 혼합복식 포메이션

Q. 067 01

'하이 딥 서브'에 대하여 설명하시오.

셔틀을 코트의 백라인 부근으로 깊숙이 멀리 보내기 위하여 언더핸드 포어핸드 서브로 치는 것을 말한다.

Q. 068 02

수비가 잘 되지 않을 때의 훈련방법에 대하여 설명하시오.

- 벽치기를 많이 하면 수비연습에 도움이 된다.
- 악력운동을 많이 하는 것도 좋다.
- 기본기와 스텝을 연습한다.

Q. 069 01

엘보우가 왔을 때의 처치법에 대하여 설명하시오.

무리하게 운동을 하는 것보다는 당분간 운동을 쉬어주는 것이 좋다. 운동 전후 충분히 몸을 푸는 것이 무엇보다 중요하며, 물리치료와 테이핑에 도움을 받으면 한결 좋아질 수 있다. 또한 훈련방법을 조금 바꿔보는 것도 좋다.

Q. 070 ③

서비스를 잘할 수 있는 방법에 대하여 설명하시오.

본인이 원하는 방향으로 높낮이와 스피드를 잘 컨트롤해야 한다. 상대가 예측하지 못하도록 페인트 모션을 써서 기습적으로 넣고, 숏 서브는 상대가 푸시하지 못하도록 낮고 짧게 넣어야 한다. 숏·롱·드라이브 서브 등으로 상대가 내 동작을 예측하지 못하도록 다양한 종류로 서비스한다. 무엇보다 규칙에 위반하지 않는 범위 내에서 본인의 능력에 맞는 서비스를 개발하여 숙달시킬 수 있도록 노력해야 한다.

Q. 071 ③

복식 경기의 일반적인 전술과 경기 요령에 대하여 설명하시오.

- 서비스를 정확하고 다양하게 실시할 것
- 서비스 리턴을 과감하고 정확하게 시도할 것
- 타구의 강약을 조절할 것
- 네트 플레이를 강화할 것
- 상대방의 준비 자세, 방향, 움직임을 파악할 것
- 상대방 전술을 파악하고 대처하는 능력을 키울 것
- 파트너의 컨디션을 체크할 것
- 파트너와 둘만의 전술을 만들고, 성공하는 습관을 들일 것
- 결정구를 연습할 것

Q. 072 ②

클리어 동작에서 셔틀콕이 떨어지는 적당한 순간을 몰라서 타구를 어려워하는 회원에 대한 지도 방법을 설명하시오.

먼저 처음에는 셔틀콕을 머리 위로 던져서 손바닥으로 먼저 쳐 보게 합니다. 손으로 셔틀콕을 맞추는 동작이 잘 되면, 라켓을 짧게 잡고 타이밍을 맞추는 연습을 시킵니다. 마지막으로 상대 코트에서 셔틀콕을 쳐 올려서 스윙에 맞게 셔틀콕을 맞출 수 있도록 합니다.

Q. 073 ②

생활체육 스포츠지도자로서 지도 시 성폭력 예방법에 대하여 설명하시오.

- 불쾌감을 주는 성적 농담을 하지 않는다.
- 외모에 대한 성적인 비유를 하지 않는다.
- 지도시간 외에 사적인 만남을 요구하지 않는다.
- 지도 시 신체접촉을 최소화하고, 불가피한 경우 참여자의 동의를 얻는다.

Q. 074 ②

스포츠인권보호 강화를 위해 2021년 6월 9일부로 일부 개정된 「국민체육진흥법」에 따른 체육지도자의 결격사유에 해당되는 경우를 설명하시오.

- 선수의 신체에 폭행을 가하거나 상해를 입히는 행위를 한 경우
- 선수에게 성희롱 또는 성폭력에 해당하는 행위를 한 경우
- 직무 수행 중 부정이나 비위사실이 있는 경우

2 유소년 스포츠지도사

Q. 001 ③

배드민턴을 배우려는 유소년 초보자를 지도할 때 효과적인 방법을 설명하시오.

아이들은 싫증을 잘 내기 때문에 재미나 흥미를 유발시킬 수 있는 게임 위주의 방법을 선택하는 것이 효과적이라고 할 수 있다. '셔틀콕을 던져서 주고받기, 셔틀콕 제자리에서 높이 띄우기, 셔틀콕 이어달리기, 바구니에 셔틀콕 집어넣기, 벽치기' 등 쉽고 재미있는 동작부터 지도하는 것이 좋다. 또는 풍선을 이용한 놀이형식도 좋은 방법이라 할 수 있다.

Q. 002 ②

유소년의 운동지도 시 주의할 점에 대하여 설명하시오.

준비운동과 정리운동을 철저히 하며 부상을 예방할 수 있고, 유소년의 흥미와 능력을 고려해서 적절한 프로그램을 구성하고 혹시 모를 안전사고에 대비하여 지속적으로 주의를 기울여 관찰한다.

Q. 003 ②

유소년의 운동지도 시 주의사항에 대하여 설명하시오.

• 유소년의 경우 긍정적인 분위기를 형성하여 승리에 대해 집착하지 않도록 승리에 대한 적절한 보상의 기준을 정해 둔다.
• 성장기의 뼈가 완전히 형성되지 않아 약하기 때문에 과도한 운동은 프로그램 구성에서 제외한다. 유소년의 흥미와 능력을 고려하여 적절한 프로그램을 구성하고 혹시 모를 안전사고에 대비하여 지속적으로 주의를 기울여 관찰한다.
• 유소년은 어른이 아니기 때문에 아직까지는 신체적으로 정신적으로 완전한 성숙을 이루지 못한 단계이며, 이로 인해 정신적인 산만함의 정도가 성인보다 크기 때문에 집중력을 유지할 수 있을 정도의 시간을 배정하고 흥미유발과 동기유발에 중점을 두어 지도해야 한다.

Q. 004 ②

유소년 지도 시 학생과 학부모에게 인정받는 지도자가 되는 방법 3가지를 설명하시오.

- 일관성 있게 차별을 두지 않고 지도한다.
- 긍정적인 태도와 세심한 배려로 지도한다.
- 동기유발 및 흥미유발을 통해 적극적이고 자발적인 참여를 유도한다.
- 항상 열심히 노력하는 열정을 보여준다.

Q. 005 ③

유소년의 신체적, 정신적 변화에 따른 지도방법에 대하여 설명하시오.

유소년은 성인과 달리 완전히 성장하지 않은 몸 상태이므로 심장기능이 약하고 저혈압 상태에 있으며 산만하다는 것을 인지해야 한다. 또한 다치지 않을 수 있는 저강도 운동을 반복하는 형태로 흥미위주의 프로그램을 구성하여 지도하는 것이 좋다.

Q. 006 ③

유소년 발육, 발달에 따른 지도방법에 대하여 설명하시오.

- 전기 아동기(2~5세): 신경계의 성장과 발달이 빠르게 이루어진다. 기본적인 움직임의 기능을 익히는 시기이므로 다양한 신체적 기능을 발휘할 수 있는 경험을 갖도록 하여 움직임에 대한 즐거움을 갖도록 해야 한다.
- 후기 아동기(6~12세): 어린이들에게 새로운 기술을 가르치면서 스포츠를 즐기도록 하는데 중점을 두어야 한다. 스포츠에 대한 어린이들의 흥미를 유지시켜 주기 위해 흥미와 다양성에 초점을 맞추고 조기에 전문화하는 것은 피해야 한다. 근력과 지구력은 트레이닝을 통해서 향상될 수 있지만 순발력과 마찬가지로 발달을 도모하는 트레이닝의 적절한 시기는 사춘기를 약간 지난 시점이므로 지나친 체력 훈련을 삼가하는 것이 좋다. 기초적인 게임과 스포츠 기술을 반복적으로 연습시킴으로써 적절한 근력과 지구력을 향상시켜야 하며, 근력 트레이닝은 자신의 체중을 부하로 이용하는 방법을 쓰는 것이 좋다. 순발력과 스피드는 재미있는 놀이나 팀 게임을 통해 발달시켜 주는 것이 좋다.

Q.007 ③

유소년의 신체적 · 정서적 변화에 따른 지도방법에 대하여 설명하시오.

아이들은 성인과 달리 완전히 성장하지 않은 몸 상태이기 때문에 심장기능이 약하고 저혈압 상태에 있으며 산만하다는 것을 인지하여 흥미 위주로 다치지 않을 수 있는 저강도 운동을 반복하는 형태의 프로그램을 구성하여 지도하는 것이 좋다.

Q.008 ③

유소년 운동 프로그램 계획 시 고려해야 할 사항에 대하여 설명하시오.

지구성 능력과 민첩성, 유연성과 평형성을 비롯한 신체의 협응능력과 조정능력을 포함하여 계획한다. 유소년들의 흥미를 유발하며 운동 수행을 통한 상호작용이 가능할 수 있도록 한다. 운동 방법에 대한 상상력과 창의력을 발현할 수 있도록 지도한다. 시범을 통한 효과적인 운동수행이 될 수 있도록 한다. 운동에 대한 참여 욕구를 강화시키는 방법으로 프로그램을 편성한다.

Q.009 ③

특정 운동 동작의 수행능력이 낮아 어려워하는 유소년을 위한 맞춤형 개별 지도 방법에 대하여 설명하시오.

- 동작을 크게 구분하여 연습하게 함으로써 부분 동작을 결합시켜 특정 동작 수행을 가능하게 한다.
- 용구의 크기 또는 무게 등을 줄여준다.
- 동작 수행이 불가할 경우 수행 가능한 대체 동작을 줌으로써 성공할 수 있도록 지도한다.
- 연습 공간을 축소하거나 확대해 준다.
- 참여 인원수를 줄이거나 늘려서 동작 수행이 원활하도록 한다.
- 규칙의 변화를 통해 난이도를 조절한다.
- 동작 숙달을 위한 충분한 시간을 제공한다.
- 동작을 수행하는 동안 지속적으로 격려하고 긍정적인 사고를 심어준다.

Q. 010 ③

유소년 스포츠지도사로서 본인이 지도하는 유소년들에게 가르치고 싶은 덕목에 대하여 설명하시오.

- 운동을 통해 균형 있게 성장시키고 싶다.
- 심신이 건강한 유소년이 될 수 있도록 한다.
- 예의를 중시하는 자세를 가르친다.
- 이기적이지 않고 상대방을 배려하는 마음을 가르친다.
- 경기 규정과 단체의 약속된 규칙을 준수하도록 한다.
- 서로 돕고 배우는 협업 과정을 통하여 공감하고 소통하는 자세를 가르친다.

Q. 011 ①

실력은 좋지만 이기적이거나 우월의식이 있는 유소년을 지도하는 방법을 설명하시오.

해당 유소년의 우수한 개인 기량을 칭찬하고, 활동하고 있는 내용을 통해서 무엇을 알아야 하는가를 지도한다. 서로 돕고 배려하며 즐겁게 활동하는 방법을 알려주어야 한다. 다른 친구들에게 시범을 보이도록 한 후, 칭찬해주면서 기능이 조금 부족한 학생의 도우미 역할을 수행하게 하여 서로 도우면서 발전하는 모습을 보이도록 한다. 가르치면서 느낀 점을 발표하게 하고, 도움을 받은 학생의 소감도 함께 발표하게 하여 서로 도우면서 배우는 기쁨을 알려준다.

Q. 012 ②

또래와 잘 어울리지 못하는 유소년을 지도하는 방법을 설명하시오.

- 쉽게 흥분하여 또래와 갈등이 있는 유소년: 먼저 흥분을 가라앉히는 방법을 알려주고, 심호흡을 하거나 고조된 감정을 식힐 수 있게 한다. 화를 내면 어떤 문제가 발생하는지를 차근차근 알려준다.
- 수줍음이 많은 유소년: 자신감을 심어주기 위해 큰 소리로 인사하는 방법 등을 알려준다.
- 사소한 일에도 토라지는 유소년: 현재의 상황을 본인의 입장에서 이해할 수 있도록 충분히 설명하고 이해할 수 있도록 한다.

Q. 013 ②

유소년의 드라이브 지도 방법에 대하여 설명하시오.

어깨 높이에 위치한 셔틀콕을 네트 상단을 거의 스칠 정도로 강타하여 코트의 방향과 평행으로 날아가도록 빠르게 보내는 스트로크 방법으로 지도한다. 강하게 치는 것도 중요하지만 네트에서 뜨지 않게 스트로크하게 한다.

Q. 014 ②

유소년의 드롭샷 지도 시 지도자가 중점을 두고 지도해야 하는 부분에 대하여 설명하시오.

- 힘 조절은 잘 이루어지고 있는지 확인한다.
- 손목 각도 조절은 잘 이루어지고 있는지 확인한다.
- 스매시와 클리어 폼과의 차이는 없는지 확인한다.

Q. 015 ②

유소년 운동을 지도하는 지도자의 역할에 대하여 설명하시오.

놀이를 통한 다양한 신체발달을 우선으로 하고, 경기규칙을 준수하며, 상대를 배려하는 마음을 갖도록 한다.

Q. 016 ②

유소년 지도자가 갖춰야 할 자질은 무엇인지 설명하시오.

- 사랑과 이해
- 봉사하는 마음과 정신
- 인내심과 평정심
- 윤리적이고 건전한 성품

3 노인 스포츠지도사

Q. 001 ⑬

노인들을 지도할 때 유의해야 할 사항에 대하여 설명하시오.

- 노인들의 경우 운동 전후 준비운동과 스트레칭이 무엇보다 중요하며, 무리한 풋워크나 스텝보다는 천천히 스트로크 기술을 가르쳐 게임에 참여하도록 하는 것이 바람직하다.
- 관절이 약하기 때문에 사전에 준비운동을 충분히 한다.
- 활동 공간의 안전성 여부를 먼저 파악한다.
- 시설 및 용구의 안전성을 점검한다.

Q. 002 ⑫

노인 지도 시 유의사항에 대하여 설명하시오.

- 노인의 신체 상태를 점검한다.
- 추운 날씨에는 준비운동을 평소보다 오래 한다.
- 고령자나 고혈압 환자는 기온이 상승하면 운동을 시작한다.
- 운동 후 반드시 정리운동을 하여 체내 축적된 젖산을 제거한다.
- 움직임이 복잡하고 불규칙한 운동은 피하는 것이 좋다.
- 강한 충격이 가해지는 운동은 뼈 또는 근육에 무리를 주기 때문에 항상 주의해야 한다.

Q. 003 ⑫

노인 지도 과정에서 대상인 노인이 실력 향상에 대한 스트레스를 받을 경우 조치방법을 설명하시오.

동기 부여를 위해 승부가 존재하는 게임의 형태를 피하고, 현재 지도하고 있는 기술 중 성취도가 높은 기술이 주가 되고, 성취도가 상대적으로 낮은 기술이 부수적으로 활용되는 형태의 게임(필요에 따라 룰을 조정하거나, 새로운 룰을 만드는 것도 좋은 방법)을 통해 훈련보다는 '놀이'의 개념으로 접근하도록 분위기를 유도한다.

Q. 004 ⑬

노인의 신체적 · 정신적 변화에 따른 지도방법에 대하여 설명하시오.

- 노인의 신체적 특성: 신체골격의 변화, 신체기관 및 운동기관의 변화, 등이나 허리가 굽어지며 보폭이 좁아진다. 운동량 감소로 골 경화 골절이 쉽게 된다. 그러므로 체온 상승과 혈액순환을 위해 운동 전 반드시 준비운동을 한 후 탄성이 없는 형태의 스트레칭을 실시하고 일상에서의 활동량을 늘리게 하고, 갑작스러운 움직임을 필요로 하거나 넘어질 수 있는 동작은 프로그램에서 제외시킨다. 체중을 이용하는 적당한 강도의 근육운동, 유연성 향상을 위한 스트레칭과 저강도 유산소 운동을 권장한다.
- 노인의 심리적 특성: 소외감과 고독감이 강하고, 소극적인 성향이 증가, 과거 지향적, 우울증 경향의 증가, 성역할 지각의 변화, 의존성의 증가, 유산을 남기려는 경향이 증가, 이해력이 늦다, 감정의 기복이 심하다, 충고를 잘한다, 친근한 사물에 대한 애착심이 강해지고 우울하고 외로운 분들이 많기 때문에 정신적 노화에 대해 얘기하면서 많은 대화와 더불어 공감대를 형성하며 지도편달하고 다양한 운동방법으로 소통하여 지도한다.

Q. 005 ⓵

노인운동 지도 시 필요한 요소에 대하여 설명하시오.

- 정확한 의사전달
- 정확한 지도방법
- 노인운동건강에 대한 전문지식
- 긍정적 피드백

Q. 006 ⑫

지도하는 노인 간에 배드민턴 경기의 판정 시비로 인해 사소한 말다툼이 발생했을 경우 어떻게 대처할지 설명하시오.

즉각적·직접적으로 개입하지 않고 다툼이 해소되는지 먼저 지켜본 다음, 공정한 자세로 각자의 이야기를 들어준다. 다툼의 내용과 관련된 배드민턴 규정과 규칙을 알기 쉽게 이해시킨다. 다툼이 감정의 문제가 아니라 규정 숙지의 미숙에서 비롯되었음을 상대방에게 알린다. 상황을 정리하고 서로 화해시켜 경기를 속행시킨다. 무리한 요구나 억지를 부릴 땐 단호하게 말한다.

Q. 007 ⑫

노인 스포츠지도사가 되고자 하는 이유에 대하여 설명하시오.

노인이 가진 심리적·신체적 특성을 잘 이해함으로써 배드민턴 운동을 통해 행복하고 건강한 노후를 보내는 데 기여하고자 합니다.

CHAPTER

03

평가능력 영역

* 심사기준, 규격 일반 등에 관한 문항 수록

1 공통 평가능력

Q. 001 01

'홈 포지션'이란 무엇인지 설명하시오.

- 센터라인 중앙부근. 즉 셔틀이 어느 방향으로 오든지 받아칠 수 있는 위치로 서브라인에서 두 세 발자국 뒤쪽에 위치한다.
- 선수가 자신이 방어해야 하는 곳으로 최단 시간에 이동할 수 있는 가장 용이한 지점을 말한다. 상대 선수의 공격이 어느 쪽으로 향하든 효과적으로 막아낼 수 있는 지점을 말하는데, 단식 경기에서는 일반적으로 코트 중앙부를 일컫는다.

Q. 002 01

단식과 복식 경기에서 서비스와 리시브 코트에 대하여 설명하시오.

- 경기에서 서버가 포인트를 얻지 못하였을 경우나 혹은 짝수의 포인트를 취했을 때, 각각 우측 서비스 코트로부터 서비스하고, 우측에서 리시브한다.
- 경기에서 홀수의 포인트를 취했을 경우 각각 좌측 서비스 코트로부터 서비스하고 좌측에서 리시브한다.

Q. 003 ①

랠리 포인트란 무엇인지 말해보시오.

2006년 5월 국제연맹 정기총회에서 15점 서비스권제에서 21점 랠리포인트제로 규정을 변경했다. 서브에 상관없이 랠리에서 이기는 쪽이 점수를 얻고 서브권도 가져가는 제도이다. 초등학교(17점)를 제외한 모든 점수제는 21점을 먼저 얻는 쪽이 승리하며, 20:20 동점인 경우에는 2점 차로 먼저 앞선 편이 승리한다. 29:29가 되었을 때는 30점에 먼저 도달하는 팀이 승리한다(초등학생은 24:24).

Q. 004 ①

랠리 포인트의 서비스 방식에 대하여 설명하시오.

이전 랠리에서 승리한 쪽에서 서브권을 가지며 해당 랠리에서 득점하면 서버의 변경 없이 홀수 짝수 점수에 따라 자리만 바뀌며 계속 서브를 할 수 있는 방식이다. 점수가 홀수일 때 왼쪽, 짝수일 때 오른쪽에서 서비스한다.

Q. 005 ②

셔틀콕의 무게와 길이를 설명하시오.

- 무게: 4.74~5.5g
- 길이: 62~70mm
- 날개 개수: 16개
- 깃털 상단의 지름: 58~68mm
- 베이스 지름: 25~28mm
- 셔틀콕 스피드 테스트: 백 바운더리 라인 상에서 셔틀콕을 언더 핸드의 풀 스트로크로 쳐서 반대편의 백 바운더리 라인으로부터 530mm과 990mm 사이에 착지되어야 한다.

Q. 006 ③

라켓의 구성과 길이에 대하여 설명하시오.

- 구성: 손잡이, string면, 헤드, 샤프트, 스로트(목), 프레임(자루)
- 라켓의 프레임: 핸들 부분을 포함해 전체 길이가 680mm를, 전체 폭은 230mm를 넘어서는 안 됨
- string 부분: 전체 길이 280mm, 넓이 220mm 이내

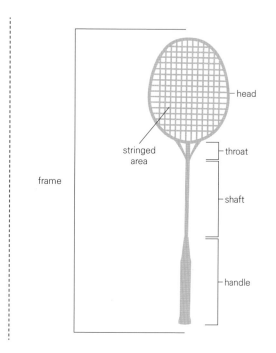

frame

stringed area

head

throat

shaft

handle

Q. 007 ①

배드민턴의 경기인원에 대하여 설명하시오.

배드민턴 경기는 남녀 단식과 복식 그리고 혼합복식으로 나누어지며 단식은 양편 각 1명씩, 복식은 양편 각 2명씩 조를 이루어 경기한다.

Q. 008 ③

'토스'에 대하여 설명하시오.

경기 전 양편이 토스를 하여 이긴 쪽이 먼저 서브 또는 서브리시브 또는 코트 선택권 이렇게 셋 중 하나를 선택하게 되며 상대방은 나머지를 선택하게 된다.

Q. 009 ②

'스코어'에 대하여 설명하시오.

- 3게임(2게임 선취 시 승리)을 원칙으로 하며 한 게임 21점(초등부는 17점)을 선취한 편이 승리한다.
- 해당 랠리에서 이긴 편이 득점한다(즉 서브권이 없는 편도 득점 가능함).
- 20:20 동점(초등부-16:16)인 경우 2점을 연속하여 득

점한 편이 승리하며 29:29(초등부-24:24)인 경우 30점(초등부-25점)에 먼저 도달한 편이 승리한다.

보충

인터벌 허용

- 게임 중 11점에 도달했을 때: 60초 이내
- 1게임과 2게임, 2~3게임 사이: 120초 이내
- 만약 선수가 인터벌 시간을 초과하여 코트에 복귀한 경우에는 심판에게 주의 또는 경고 없이 즉시 폴트(레드카드)를 받게 된다.

Q. 010 ①

코트 변경에 대하여 설명하시오.

첫 번째 게임 종료 후와 세 번째 게임 시작 전 그리고 세 번째 게임을 할 경우 11점(초등부-9점) 선취 시 코트를 변경한다.

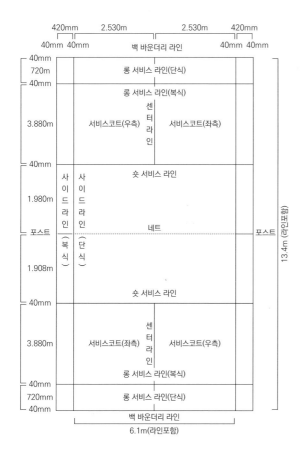

※ 라인 폭: 4cm, 코트 대각선 길이: 14.723m

※ 라인 색상: 백색이나 황색

※ 네트 높이: 양 끝부분-1.55m, 중앙-1.524m

※ 네트 폭: 76cm

※ 네트 그물눈 폭: 1.5~2cm

※ 조명: 네트중앙 윗부분의 조명광도는 1500럭스 이상

※ 포스트(지주대) 높이: 1.55m

※ 코트와 코트 사이: 최소 2m

※ 천정높이: 적정높이-12m 이상, 최소 9m 이상

Q. 011 03

반칙(Faults)에 해당하는 경우에 대하여 설명하시오.

- 선수가 의도적으로 고함을 지르거나 불필요한 몸짓으로 상대선수를 당혹하게 할 때
- 서비스가 올바르지 못할 경우
- 서버가 서비스하는 도중 셔틀을 치지 못하고 헛스윙했을 경우
- 경기 중 셔틀이 코트 밖에 떨어지거나 네트 밑 혹은 네트 사이로 통과했을 경우
- 선수의 라켓 혹은 네트 및 포스트 이외의 다른 곳에 셔틀이 닿을 경우
- 셔틀이 네트를 넘어오기 전에 네트를 넘어 셔틀을 치거나 헛쳤을 경우(단, 셔틀이 네트를 넘어왔을 경우 셔틀을 치고 상대편 코트로 넘어가는 것은 허용됨)
- 라켓이나 선수의 몸이 네트에 닿았을 경우
- 셔틀을 연속적으로 두 번 이상 쳤을 경우

Q. 012 03

렛(다시하기)에 대하여 설명하시오.

'렛'이 선언되면, 서비스를 한 선수가 다시 한 번 서비스를 하게 된다. 심판에 의해서 또는 심판이 없는 경우에는 선수에 의해서 경기를 정지하기 위해 선언된다.

- 서버가 리시버가 준비되기 전에 서비스를 한 경우
- 서비스 중에 리시버와 서버 둘 다 폴트를 범한 경우
- 셔틀콕이 네트에 걸려서 네트 위에 멈춰져 있는 경우
- 네트를 넘어가고서 네트에 걸리는 경우
- 랠리 중에 셔틀콕의 베이스와 깃털이 완전히 떨어져나가는 경우
- 심판의 판단 하에 선수가 방해를 받았거나, 코치에 의해 방해를 받았을 경우 '렛' 선언 가능
- 라인저지가 못 보았거나, 심판이 판정할 수 없는 경우
- 예측할 수 없는 우발적인 상황이 일어난 경우

Q. 013 ②

단식 경기방식에 대하여 설명하시오.

- 서버가 포인트를 얻지 못했거나 점수가 짝수인 경우는 우측에서, 점수가 홀수인 경우는 좌측에서 서비스한다.
- 리시버는 서버의 대각선 위치의 코트에서 리시브한다.

Q. 014 ②

복식 경기방식에 대하여 설명하시오.

㉠ 서비스 및 리시브
- 서버가 포인트를 얻지 못했거나 점수가 짝수인 경우는 우측에서, 점수가 홀수인 경우는 좌측에서 서비스한다.
- 서버로부터 서비스 코트의 대각선 위치에 선 선수가 리시버가 된다.
- 리시버 쪽의 선수는 해당 선수 쪽이 서비스하여 점수를 얻기 전까지 서로 코트 위치를 바꾸지 않는다.

㉡ 스코어링(Scoring) 및 서비스 권한
- 리시브측이 폴트를 범하거나 범실에 의해 중단된 경우, 서비스측은 점수를 획득하며 서버는 다시 서비스를 한다.
- 서비스측이 폴트를 범하거나 범실에 의해 중단된 경우, 리시브한 편이 점수를 획득하며 리시버 쪽이 서버가 된다(한쪽 편에 한 번의 서비스 권한을 부여).

㉢ 서빙(Serving)
어떠한 게임에서도 서비스 권한은 아래와 같이 연속적으로 이어진다.
- 오른쪽 서비스 코트에서 경기를 시작한 최초의 서버로부터
- 선 리시버의 파트너에게로 넘어감. 이때 서비스는 왼쪽 서비스 코트로부터 시작
- 먼저 서비스한 편의 해당 점수에 부합되는 코트에 위치한 선수에게로
- 먼저 리시브한 편의 해당 점수에 부합되는 코트에 위치한 선수에게로, 그리고 상기와 같이 반복됨

Q. 015 02

경기의 연속적 진행 규칙에 대하여 설명하시오.

- 각 게임 중 한쪽 편이 11점(초등부-9점)에 먼저 도달할 경우 60초 이내의 인터벌 허용
- 1게임과 2게임 사이, 2게임과 3게임 사이에 120초 이내의 인터벌 허용

Q. 016 02

어드바이스(지도) 및 코트에서의 이탈 규칙에 대하여 설명하시오.

- 셔틀이 경기진행 중이 아닌 경우에만 선수는 경기 중 지도를 받을 수 있다.
- 경기 종료 시까지 경기자는 심판의 동의 없이 코트를 떠날 수 없다.

Q. 017 03

배드민턴의 복식경기에 대하여 설명하시오.

- 동호회 배드민턴이나 전국 대회, 시 대회, 구 대회에서는 모든 경기가 남녀 혼합복식, 여자복식, 남자복식으로 이루어지고 있다.
- 복식경기는 두 명의 선수가 함께 운영하는 경기이다. 단식경기에 비해 랠리의 속도가 빠르기 때문에 단식에 비해 매우 속도감 있고 복잡하며 선수들의 적극적인 자세가 필요하다.
- 파트너와의 호흡이 가장 중요하기 때문에 파트너의 선택도 중요하다. 실력이 출중한 선수들일지라도 경기의 스타일이 서로 맞지 않으면 훌륭한 경기를 펼칠 수 없다.
- 복식경기를 펼치는 사람들은 서로의 호흡을 맞추어야 하며, 서로 담당하는 영역의 코트를 구분하는 것이 필요하다.

Q. 018 01

21대21 듀스일 경우 최대 몇 점에서 경기가 끝날지 설명하시오.

2점차 승부가 나야 하며 29:29(초등부 24:24)인 경우 30점(초등부 25)에 먼저 도달한 편이 승리한다. 예 23:21, 24:22, 25:23, 28:26...

Q. 019 ③

서비스코트 에러에 대하여 설명하시오.

- 서브 혹은 리시브를 잘못된 순서로 한 경우, 서브 혹은 리시브를 잘못된 코트에서 한 경우, 서브를 받을 준비가 되어 행하였을 때 서비스 코트에 서 있지 않을 경우를 말한다.
- 만약 서비스코트 에러가 발생한 상황에서 정정되지 않았을 경우에는 그 게임의 경기에서 새롭게 경기자의 서비스코트를 바꾸지 않고 진행한다.

Q. 020 ②

배드민턴 경기 시 하지 말아야 할 행동에 대하여 설명하시오.

- 심판 판정에 불복하는 행동
- 선수가 의도적으로 고함을 지르거나 불필요한 몸짓으로 상대선수를 당혹하게 하거나 비매너적인 행동
- 의도적으로 시간을 지연하는 행동
- 경기장을 이탈하는 행동

Q. 021 ③

셔틀콕을 치고 나서 네트를 넘어갔을 때 심판의 판정에 대하여 설명하시오.

셔틀콕 치기 전에 넘어갔으면 오버넷으로 폴트이지만 치고 난 후에 넘어간 것은 폴트가 아니다.

Q. 022 ②

'폴트'에 대하여 설명하시오.

- 드리블: 라켓으로 셔틀을 두 번 이상 치는 것
- 홀딩: 라켓 위에 셔틀콕을 얹은 채 이동하는 것
- 풋 폴트: 서비스 시 라인을 밟거나 발을 지면에서 끌거나 떼는 행위
- 서비스 시 라켓이 허리보다 높은 곳(지면에서 115cm)에서 서비스하는 행위

Q. 023 ②

'렛 선언'에 대하여 설명하시오.

돌발 상황이라든지(다른 코트에서 셔틀콕이 넘어온 경우) 경기 중단 시 선언한다.

Q. 024 ②

랠리포인트 제도에 대하여 설명하시오.

2006년 5월 국제연맹 정기총회에서 15점 서비스권제에서 21점 랠리포인트제로 규정을 변경하면서 서브권에 상관없이 랠리에서 이긴 팀이 점수를 얻고 서브권도 가져가는 방식으로 기존 서비스제도에 비해 시간 단축, 박진감을 줄 수 있도록 바뀐 제도이다. 관중과 경기자에게 흥미를 주고 tv중계 및 신세대에 친화적인 것이 특징이다.

Q. 025 ②

랠리포인트 서비스 방식에 대하여 설명하시오.

랠리포인트는 서브권이 양쪽으로 한 번씩만 주어지며 서브권쪽이 해당 랠리에서 득점하면 서브권 변동 없이 자리만 바뀌며 계속 서브할 수 있는 방식이다.
- 점수가 홀수일 때 왼쪽에서 서비스
- 점수가 짝수일 때 오른쪽에서 서비스

Q. 026 ①

배드민턴의 점수제에 대하여 설명하시오.

- 선수: 21점(20:20인 경우 2점차 승부가 나면 종료, 29:29점일 때는 먼저 30점에 도달한 팀 승리)
- 동호인: 31점(30:30일 경우 2점차 승부가 나면 종료, 34:34일 경우 먼저 35점에 도달한 팀 승리)

Q. 027 ③

네트의 높이와 코트의 길이에 대하여 설명하시오.

- 네트 양 사이드 끝 높이: 1.55m
- 네트 중간 높이: 1.524m
- 코트 사이드라인 길이: 13.4m
- 코트 백 바운더리라인 길이: 6.1m
- 코트 대각선 길이: 14.723m

Q. 028 02

경기 중이 아닌 셔틀에 대하여 설명하시오.

- 네트나 포스트를 맞아 셔틀을 친 선수의 코트로 떨어지기 시작했을 때
- 코트의 표면에 맞았을 때
- 폴트 혹은 렛이 발생했을 때

Q. 029 03

경기 중 심판이 주의, 경고 및 폴트를 줄 수 있는 상황에 대하여 설명하시오.

- 경기를 고의로 지연하거나 중단하는 행위
- 셔틀의 스피드와 비행의 변화를 주기 위해서 셔틀을 손상시키는 행위
- 상대방에게 위협감을 주거나 불쾌하고 모욕적인 행위
- 배드민턴 규정에 특별히 규정되지 않는 위반 행위

Q. 030 03

셔틀콕 스피드 테스트 방법에 대하여 설명하시오.

백 바운더리 라인 상에서 셔틀콕을 언더핸드 풀 스트로크로 쳐서 반대편의 백 바운더리 라인으로부터 내측 530mm 이상 990mm 아래의 범위에 착지되어야 한다.

Q. 031 02

라인크로스란 무엇인지 설명하시오.

서비스를 할 때에 서버나 리시버의 발이 라인을 밟거나 넘어가는 것을 말한다.

Q. 032 02

훈련과정에서 선수의 푸시 기술에 대한 지도자의 평가기준이나 준거에 대하여 설명하시오.

- 힘 조절은 잘 이루어지고 있는가?
- 손목각도 조절은 잘 이루어지고 있는가?

Q. 033 ②

경기 중 한 선수가 푸시를 하고 돌아서면서 선수의 옷이 네트를 건드렸다. 이때 셔틀은 아직 코트 표면에 닿지 않은 상태라면, 판정 결과는 어떻게 되는지 설명하시오.

해당 선수에게 폴트를 선언한다.

Q. 034 ③

셔틀콕이 서비스 중에 네트에 걸렸을 경우와 랠리 중에 걸렸을 경우에 대한 판정을 설명하시오.

서브 중일 때 네트에 넘어가서 걸리거나 네트 위에 멈춰있는 경우, 랠리 중일 때 네트를 넘어가서 걸리거나 네트 위에 멈춰 있는 경우 모두 렛이다.

Q. 035 ②

서비스의 시작은 언제인지를 말하고, 리시버가 준비되기 전 서비스를 한 경우 어떤 판정이 될 수 있는지 설명하시오.

- 선수들이 준비되어 있을 때 서버의 라켓헤드가 최초로 앞으로 나가는 순간이 서비스의 시작이다. 서비스가 시작되고 서버의 라켓이 셔틀을 치거나, 혹은 서비스를 시도하다가 셔틀을 치지 못하는 경우도 서비스가 진행된 것이다.
- 서버는 리시버가 준비하기 전에 서비스를 하면 안 되고, 이 경우 렛이 선언된다. 하지만 그 상황에서 리시버가 서브를 받아 넘기면 그것은 리시버가 준비한 것으로 판단한다.

Q. 036 ②

경기 중 셔틀이 어떤 경우의 상황에서 폴트가 되는지 2가지 이상 설명하시오.

- 코트의 라인 밖으로 셔틀이 떨어지는 경우(라인 위 혹은 안쪽에 떨어지지 않은 경우)
- 셔틀이 네트를 넘어가지 않은 경우
- 셔틀이 천장이나 벽에 닿은 경우
- 셔틀이 선수의 신체 또는 옷에 닿은 경우
- 선수가 연속해서 셔틀을 두 번 친 경우(단, 한 번의 스트로크로 라켓의 헤드와 스트링 부분으로 치면 폴트가 아님)

- 한 선수가 셔틀을 치고 그 선수의 파트너가 연속해서 셔틀을 치는 경우
- 선수의 라켓에 맞고 상대 코트로 넘어가지 않은 경우

Q. 037 ②

서비스를 하는 중 셔틀이 어떤 경우에 폴트가 되는지 설명하시오.

네트 위에 걸려서 그대로 멈춰 있는 경우, 네트 위로 넘어가서 네트에 걸리는 경우, 리시버의 파트너가 셔틀을 친 경우

Q. 038 ②

네트 플레이 도중 A 선수의 헤어핀이 높이 떠서 B 선수가 푸시를 하는 순간 헤어핀을 한 A 선수가 미리 라켓을 들려고 하거나 들고 있을 때, 폴트로 판단할 수 있는 기준에 대하여 설명하시오.

이 경우 푸시하는 선수의 스트로크를 방해했는지의 여부가 폴트를 판단하는 기준이 된다. 선수나 라켓이 네트에 가까이 있는지, 미리 라켓을 들었는지의 여부보다는 정상적인 스트로크가 가능했는지가 판단 기준이 된다.

Q. 039 ③

경기 중 다른 코트에서 셔틀이 들어왔을 때 심판이 '렛'을 선언하지 않는 경우는 언제인지 설명하시오.

- 선수가 알아차리지 못하고 지나갔을 때
- 선수를 방해하지 않고 경기를 정지시키지 않았을 때

참고문헌

경기규칙요약(ver2020)(대한배드민턴협회)
BWF 배드민턴 코칭 매뉴얼(레벨1)
BWF 배드민턴 코칭 매뉴얼(레벨2)
M스포츠지도사 필기 완전정복(박영사)

[사이트]

BWF Development   development.bwfbadminton.com
대한배드민턴 협회   www.koreabadminton.org
유튜브 BWF TV   https://www.youtube.com/@bwftv

M스포츠지도사 배드민턴 실기·구술 완전정복

초판발행	2021년 6월 1일
개정판발행	2024년 5월 10일
지은이	김동문
펴낸이	안종만·안상준
편집	김민경
기획 / 마케팅	차익주·김락인
표지디자인	이수빈
제작	고철민·조영환
펴낸곳	(주)박영사
	서울특별시 금천구 가산디지털 2로 53, 210호(가산동, 한라시그마밸리)
	등록 1959. 3. 11. 제300-1959-1호(倫)
전화	02)733-6771
fax	02)736-4818
e-mail	pys@pybook.co.kr
homepage	www.pybook.co.kr
ISBN	979-11-303-1987-2 13690

정 가   23,000 원